学校课程发展丛书

丛书主编　李正　杨四耕

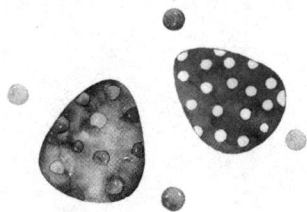

# 跨学科课程
## 的20个创意设计

段立群　主编

华东师范大学出版社

·上海·

图书在版编目(CIP)数据

跨学科课程的 20 个创意设计/段立群主编. —上海:华东师范大学出版社,2019
(学校课程发展丛书)
ISBN 978 - 7 - 5675 - 9576 - 7

Ⅰ.①跨…　Ⅱ.①段…　Ⅲ.①活动课程—课程建设—教学研究—中小学　Ⅳ.①G632.3

中国版本图书馆 CIP 数据核字(2019)第 197084 号

学校课程发展丛书
# 跨学科课程的 20 个创意设计

丛书主编　李　正　杨四耕
主　　编　段立群
责任编辑　刘　佳
项目编辑　林青荻
特约审读　王莲华
责任校对　林青荻
装帧设计　卢晓红

出版发行　华东师范大学出版社
社　　址　上海市中山北路 3663 号　邮编 200062
网　　址　www.ecnupress.com.cn
电　　话　021 - 60821666　行政传真 021 - 62572105
客服电话　021 - 62865537　门市(邮购)电话 021 - 62869887
地　　址　上海市中山北路 3663 号华东师范大学校内先锋路口
网　　店　http://hdsdcbs.tmall.com

印 刷 者　常熟市文化印刷有限公司
开　　本　787毫米 ×1092 毫米　1/16
印　　张　11.25
字　　数　164 千字
版　　次　2019 年 10 月第 1 版
印　　次　2024 年 11 月第 13 次
书　　号　ISBN 978 - 7 - 5675 - 9576 - 7
定　　价　34.00 元

出 版 人　王　焰

(如发现本版图书有印订质量问题,请寄回本社客服中心调换或电话 021 - 62865537 联系)

# 丛书编委会

主编

李　正　杨四耕

成员

李　正　杨四耕　田彩霞　王德峰
高德圆　胡培林　李荣成　曹鹏举
段立群　张燕丽　孙　鹏　张元双

# 本书编委会

主　编

段立群

副主编

张燕丽　关春霞

编　委

郭　敏　张力伟　柳莉萍　霍淇龙　张丽红　魏　一　孙冬梅
宋小娟　白秀彩　李淑玲　刘海荣　耿素素　孔　珂　杨照华
王　琳　郜　华　李庆欣　朱梦思　赵玮霞　田　燕　曹丽萍
周丽军　段立群　张燕丽　关春霞

# 课程改变，学校改变

学校课程变革有三种形态：一是1.0，这种形态的课程变革，以课程门类的增减为标志，学校会开发一门一门的校本课程，并不断增减；二是2.0，这种形态的课程变革，学校会围绕某一特定的办学特色或项目特色，开发相应的特色课程群；三是3.0，此种形态的课程变革，学校课程发展以多维联动、有逻辑的课程体系为标志，这是文化创生形态的课程变革。

学校如何迈进3.0课程变革？我们在郑州市金水区中小学与幼儿园进行了多维度的探索与实践，得出了一些规律，有了一些感悟和体会。

1. 家底清晰化：很多时候起点决定了终点

发展是既定基础上的再提升，学校课程深度变革必须清晰"家底"。根据各种不同的办学基础给学校课程发展准确定位，是迈向3.0的学校课程变革所面临的首要任务。我们运用SWOT(强项、弱项、机遇、危机)分析，对学校的地理环境、在地文化、政策环境、课程现状、行政领导、学生需求、教师现状等因素分别进行SWOT分析，把握学校课程发展的优势与问题所在。同时，我们注重课程发展思路的研究，把破解影响当前学校课程发展的热点、难点问题，特别是制约课程发展的重大问题，贯穿于调研过程的始终，以增强课程发展情境研究的宏观性、针对性和实践性，以准确合理的目标体系引导学校课程变革，切实做到清晰把握学校课程发展的"起点"。须知，很多时候起点决定了终点。

2. 愿景具象化：让课程哲学映照鲜活的实践

课程愿景是学校课程使命的具象，是与学校教育价值观联系的、可以调动师生情感的图景。如果说，目标提供过程的满足，那么愿景则提供事业的动力。推进学校课程深度变革,我们需要明确学校的课程愿景,并将课程愿景具象化。学校可以用具象化的方式想象课程、观察课程、思考课程、分析课程、建构课程。当我们在与师生沟通的时候,要善于用具象化的愿景去说明学校课程究竟是为什么、是什么以及怎么做。我的体会是:"课程即品茶,需哲思;课程即吟诗,需想象;课程即力行,需实践。"人们总是会被伟大的愿景所感动。校长要善于把抽象的东西表现得具体些,把看不见的、不容易理解的东西变得看得见、容易理解,让学校课程理念带着一股清香,透着一种诗意,变成激发师生的动力和情愫。推进学校课程变革,您所要做的便是找到大家信奉的课程哲学,并用课程哲学映照课程变革实践。

3. 结构图谱化:改变课程的碎片化格局

如果把课程视为书本,孩子们可能会成为书呆子;如果把课程视为整个世界,孩子们可能会拥有驾驭世界的力量。为此,每一所学校都应致力建构丰富的"课程图谱"。按照一定的逻辑,理顺学校课程纵向与横向关系是学校课程变革需要审慎思考的问题。在横向上,如何将学校课程按照一定的标准进行合理地分类;在纵向上,如何将学校课程按照年级分为不同层级,努力形成一个适应不同年龄阶段的孩子的课程阶梯。具体地说,在横向上,重构学校课程分类,让孩子们分门别类地学习把握完整的世界之格局;在纵向上,强调按先后顺序,由简至繁,从已知到未知,从具体到抽象,保持学校课程的整体连贯。这样,我们就可以形成天然的、严密的学校课程"肌理",让课程有逻辑地、立体地"落地",这样有利于克服课程碎片化、大杂烩问题。

4. 类群聚焦化:聚焦核心素养建构课程群

类群聚焦化,也就是围绕核心素养建构课程群。什么是课程群?课程群是以特定的素养结构为目标,由若干门性质相关或相近的单门课程组成的一个结构合理、层次清晰、彼此连接、相互配合、深度呼应的连环式课程集群。课程群是一种思维,是一种工具,是一种面向碎片化课程的思维方法和操作工具。随着核心素养的倡导,课程改革越来越要求考虑学生素养发展的完整性,课程群构建已成为中小学深化课程改革、优化课程设计的一条有效途径。中小学构建课程群需要关注四点。首先,聚焦目标。聚焦核心素养,聚焦育人目标,聚焦课程目标,是课程群建设的首要原则。课程群建设必须密切关注学生的核心素养,优先发展对某项目标具有关键的支持作用的课程。其次,建构链条。也就是确定课程群内各门课程的相关性,课程之间纵向衔接与横向联系,以及自成体系。再次,组合搭配。课程群是具有关联关系的课程之组合与搭配。在涉及课程序列的安排上,关键是要找到"课程时序"上的衔接点,即根据学时的配比度与开课时序,各门课程在整体中的位置、地位和作用,从系统的观点出发来安排课程。通过标明课程之间的内在关系、课程开设的先后顺序、课程时量等逻辑关系来描述课程之间的内在关系,经过这样的组合搭配,有助于揭示课程之间的重复、脱节、断线和时序安排上的不合理现象。最后,整合优化。课程群是一个基于特定目标而组织化了的课程系统,仅仅把几门有逻辑联系的课程召集一处,只是一个"课程集合"。只有课程间完成了相关整合,成为一个体系,实现课程功能的优化,才能称之为"课程群"。因此,课程群建设应将重心放在相关课程之间内容的整合以及功能的优化上。

5. 内容整合化:还原完整世界的真实面貌

课程是浓缩的世界图景。3.0的课程是富有统整感的课程,是多维连结与互动的课程。不论是学科课程的特色化拓展,还是主题课程的多学科聚焦,都应尽可能回到完整的世界图景上来,努力将关联性与整合性演绎得淋漓尽致,让孩子们领略"世界图景"的完整结构。一般地说,课程整合有两种常见方式:一是射线式整合,即以学科知识为圆点,根据知识的内在逻辑联系而进行多维拓展与延伸;二是聚焦式整合,即以特定资源为主题,多学科、多活动聚焦,以加强孩子们与社会生活的多学科关联与整合。从表现形式来看,既有学科内统整,又有学科间统整;既有跨学科统整,又有学科与活动统整,以及校内与校外统整等。

6. 操作手册化:让课程变革变得易于操作

学校课程变革应是多维主体参与的变革。如何让师生参与、家长参与,是需要一套可以清晰告知如何操作的课程资料来指导的。我们倡导的学校课程指南就是学校课程手册化的一种做法。一所学校的课程指南包含如下内容:学校简要介绍、学校课程理念、学校课程目标、学校课程图谱、学校课程项目(将每一门课程的纲要精炼地呈现出来)。

7. 实施立体化:整个世界都是教室

英国课程学者斯基尔贝克说:"设计课程的最佳场所在学生和教师相处的地方。"的确,我们让孩子们采用多样的、活跃的学习方式,如行走学习、指尖学习、群聊学习、圆桌学习、众筹学习、搜索学习、聚焦学习、触点学习、实作学习、仪式学习……但凡孩子们在生活世界里精彩纷呈、活跃异常的"做事"方式,都是课程实施与学习的可能方式。须知,课程实施不仅仅是那些概念化了的"自主、合作、探究"。杜威说:"一切学习来自经验。"实践、沉浸、对话、互动、参与、体验是课程最活跃、最富灵性的形式,也是课程实施的最重要方法。重视孩子们直接经验的获得,让孩子们亲近自然,走进社会,通过一系列的实践活动,扩充和丰富孩子们的经验和见识,是 3.0 课程的重要表征。

8. 经验模型化:有逻辑地推进学校课程变革

一所优质学校应该有自己的课程模式,应该建构基于特定课程哲学而组织化了的课程系统,将各课程有机地结合成一个联系紧密的、有逻辑的育人图景。学校课程哲学、课程结构、课程功能、课程实施及课程管理与评价是课程模式不可或缺的构成要素。其中,学校课程哲学是课程模式的灵魂,课程功能和课程结构框架是课程模式的主体内容,课程实施是课程模式的必要落实,课程管理与评价是课程模式的基本保障。建构学校独特的课程模式,是由学校内涵提升与特色发展的要求所决定的。学校课程变革要运用系统思维把自己的经验模型化,形成自己独特的课程模式。一所学校构建了自己的课程模式,并有逻辑地推进课程变革,学校课程发展就会出现不一样的格局,学校发展就会呈现不一样的态势。在郑州金水,我们看到的结果是:课程改变,学校改变;课程灿烂,学校灿烂!

学校课程发展丛书是郑州市金水区教育体育局和郑州未来教育研究院以及全国品质课程联盟团队通力合作的成果,是"品质课程"区域探索与实践的又一个成功例证。

祝愿金水教育的明天更灿烂!

杨四耕

2019 年 7 月 5 日于上海市教育科学研究院

# 目　录

# 前言　以学习为中心的课程创意

　　综合实践活动课程作为新课程改革的亮点和焦点,具有其独特价值。请听一听我们学校老师是如何说的。

　　张力伟老师说:"综合实践活动是我和孩子们最喜欢的课程,在课程学习中,我们可以问想问的问题,做想做的事情。孩子们学会了采访,学会了调查,学会了分工合作,还学会了主动与人交流、大胆表达展示。活动里的孩子们笑得最开心,眼睛闪得最亮。孩子们对问题的刨根问底,让我学会了坚持;孩子们对探究事物充满了好奇,让我也成为一个对凡事都有兴趣的人。综合实践活动让我和孩子们一起成长。"

　　曹丽萍老师说:"孩子的创造力是在开放的学习环境下突然迸出的,他们敢想大人不敢想的,敢说大人不敢说的,他们的思想仰望着天空,他们的行动脚踏着大地,这才是综合实践活动学习的原点。"

　　张敏老师说:"在综合实践活动中,大人们应该少一点儿条条框框,多给孩子们一点儿自由,孩子们有自己的思想,有自己的文化,有自己的创造,我们应该给孩子们足够的空间。"

　　刘国强老师说:"这是一片广阔的天空,一片可以让你恣意展翅的广阔的天空。在这片广阔的天空中自由地飞啊,飞啊,你会发现你的翅膀变得更坚硬了。"

　　……

　　综合实践活动是 2001 年新课改推出的新型课程,与学科课程并列设置,是基础教育课程新体系的重要组成部分。它注重学生的直接经验和学习自主性,打破严格的学科知识界限,让学生从自然、社会与自我的关系中去学习,通过探究、服务、制作、体验等方式,培养学生的综合素质。金水区作为国家级新课程改革首批试验区,于 2003 年全面推进综合实践活动课程建设,从零星探索到常态实施,从细化目标到规范课型,从能力生根到创意设计,经过十七年的探索与实践,综合实践活动课程不仅影响着一批批教师,更影响着一批批孩子,它为教师专业成长搭台,为学生未来发展奠基,成就师生更具高价值的人生。

## 铺常态实施之路

课程内容决定综合实践活动课程实施的常态化和有效性。综合实践活动课程实施初期,我们鼓励学校勇敢探索,指导学校结合师资、学生、场地、学校文化和社区资源等情况,以自主研发主题活动为突破口,形成一批具有实践意义的个性化案例。但是这个阶段的探索也存在零星化、随意化和强调活动性而忽视课程实施实效的问题,且校际发展不均衡,无法真正实现综合实践活动课程的价值。2006 年,金水区依据《国家九年义务教育课程综合实践活动指导纲要》中的内容领域,对已有案例进行整合,形成区域综合实践活动课程系列主题。然而课程价值与意义落实的关键还在于教师,综合实践活动的综合性、开放性、实践性、自主性对于以分科教学为主的教师来说,无疑是一种巨大的挑战。针对困难与挑战,我们运用"培训—实践—问题—研讨—培训"的"循序渐进,螺旋上升"的学习方式,澄清认识,由点带面,打磨课型,切实提高教师课程研发与实施能力。为进一步提高综合实践活动课程的实施质量,有针对性地解决实施过程中的问题,2009 年,金水区教体局出台《关于综合实践活动课程实施的意见》,涉及提高课程认识与明确课程定位、落实课程设置与人员、加强实施过程有效指导、解决实施中突出问题、完善评价机制和行政管理保障机制六大方面内容,指导学校规范落实,铺就常态实施之路。

## 奠能力生根之基

综合实践活动课程作为国家课程,与学科课程不同,国家并未出台相关课程标准,只有国家课题组专家提出的框架性的能力发展目标。在深入推进综合实践活动课程建设的进程中,我们认为,细化能力发展目标是促进教师有效规划和科学实施课程的有效依据。因此,从 2010 年开始,我们组织骨干教师,依据 3—9 年级学生不同年龄段的学习特点,根据实践活动流程,确立关于问题意识、分工合作、制定活动方案、观察、访谈、调查、实验与操作、设计与制作、整理资料、撰写报告、展示交流和评价的 12 项能力发展目标,依托选题指导、主题分解、方案设计、专题研讨、中期反馈、方法指导、设计制作、成果交流 8 种课型,采取即时评价、档案袋评价、活动评价、展示评价等表现性评价方式,深入推进课程实施,为学生能力发展奠定坚实基础。2013 年,金水区教体局出台《关于进一步加强学校综合实践活动课程整体规划的意见》,要求学校加强综合实践活动课程整体规划,全面服务学生能力发展,依托"3—9 年级学生综合实践活动能力发展标准",加强课程实施的专业性、延展性,不断提升课程品质,实现课程价值。2013 年至今,金水区已经开展了 32 期"综合实践活动课程'行之实'主题研讨活动",举行了六届中小学能力生根活动暨学科研究性学习活动或项目式学习活动。我们利用校内和校外两种学习空间,以考察探究、社会服务、设计制作、职业体验四种活动方式,培养学生价值体认、责任担当、问题解决、创意物化等方面的意识,为学生能力发展奠定基础。

## 启创意设计之路

2017 年,教育部《中小学综合实践活动课程指导纲要》(以下简称《纲要》)的正式颁布,标志着我国综合实践活动课程实施步入新的历史发展阶段。《纲要》强调综合实践活动是"培养学生综合素质的跨学科实践性课程",要求教师从学生经验、兴趣和专长出发,"打破学科界限,选择综合性活动内容,鼓励学生跨领域、跨学科学习",使学生不断获得发展。学科课程内容因为界限鲜明的"分科",造成学生知识学习的割裂,不利于学生整体建构个人知识体系,也使得学生面临复杂问题时,缺失整体、多角度思考和解决问题的能力。没有跨学科知识的综合运用,综合实践活动课程理念就很难落地,目标很难达成。为此,我们尝试进行跨学科课程的创意设计,即学校在已有的综合实践活动课程探索成果基础上,打通国家课程与学生经验课程之间的联系,顶层规划学校综合实践活动,采取恰当有效的策略与方法,实现学校综合实践活动课程整体建构的体系化与特色化,促进学生学习方式变革。主要表现为:

**一是确定课程创意设计要素,构建课程模型,体现跨学科性和整合性。**跨学科课程创意设计的要素是课程开发与设计必不可少的因素,它既是课程设计的基本要求,也是课程的本质特性,更反映着课程理念。学校根据本校已有的综合实践活动特色,确定校本化的课程要素,使它们形成有机的统一体,在此基础上构建课程模型,共同推进课程开发与实施。如金水区未来小学的"SEEK 课程",以真实情景、已有经验、体验学习、知识内化四大要素建构课程模型,紧紧围绕"我知道、我行走、我感悟"三个环节来开发和实施课程。"基于真实情景的行走式学习"是"SEEK 课程"的定位,即"SEEK 课程"的学习是基于真实情景,学生从已有经验出发,在行走中体验,最终获得知识内化和能力提升,经历从认识到实践、再从实践到认识的循环型学习历程。

**二是凸显预设与生成、近期与长期发展的关系,促进课程内容建构体系化。**《纲要》在"对自然、社会和自我之内在联系的整体认识"方面,提出对此"要形成并逐步提升",反映了《纲要》对综合实践活动课程设置的整体意识和过程关注,而注重综合实践活动课程的整合性和连续性则是《纲要》的最大亮点之一。这就要求学校在进行综合实践活动课程内容的建构时,要处理好预设与生成、近期与长期发展的关系。学校要对学习环境、学校设施、自然资源、社会场馆、家长资源、学生来源、学校教师队伍等进行系统的评估,思考综合实践活动课程内容与学科课程内容的内在关联性,确立学校综合实践活动课程内容建构的优势领域,为学校综合实践活动课程内容的体系化发展奠定基础。

**三是系统思考,确立课程操作与实施整体框架,确保课程实施常态高效。**如果学校、教师对课程实施的整合性和连续性缺少系统思考与设计,就会造成综合实践活动实施的随意与低效。《纲要》针对 1—9 年级学生,对综合实践活动课程的实施明确提出:综合实践活动的组织方式应以小组合作方式为主,也可以个人单独进行;教师指导应贯穿活动实施的全过程,包括活动准备、实施、总结三个阶段。基于《纲要》要求,我们系统思考,尝试在课程操作与实施方面建构整体框架,为教师进行课程研发与实施提供参照标准,以保证课程实施的常态高效。如金水区文化绿城小学的"FROM ME 课程",由学科融合、真实问题、开放思维、方法建构、聚焦学习者五大要素构成,紧紧围绕"真实问题,确定主题""开放思维,分工合作""学科融合,深度探究""方法建构,分享交流"四个环节来开发和实施课程。这四个环节既构成"FROM ME 课程"操作与实施整体框架,也成为学校综合实践活动课程实施的基本组成部分,进而确保学校综合实践活动课程常态高效地实施。

**四是基于学校教育哲学与育人目标,凸显学校综合实践活动课程特色。**不同地域、不同学校有着不同的环境、历史、现实、学情和师情,因而每一所学校的综合实践活动课程总是在一定的场景中产生与实施,也必定体现着特定场景中的学生发展的需要,并在场域中被学生学习。如金水区纬五路一小"REAL 课程",以学校"求真教育"哲学为引领,建立了具有学校特色的课程创意理念和课程要素。"REAL"是指真实,指向了活动的全过程。"REAL 课程"秉承"过程导向的真实性学习"这一理念,紧扣育人目标,重视学习过程,倡导真实学习,体现"求真教育"。

## 促学习方式之变革

学习方式是学习者在进行学习活动时所表现出来的行为方式与行为特征。综合实践活动课程内容的不确定性、自主性、实践性、开放性、整合性、连续性的特点,为学生多元的学习方式提供条件与可能。《纲要》突出综合实践活动方式而不是活动内容,突出强调考察探究、社会服务、设计制作、职业体验四种活动方式。这样的活动方式亦是学习方式。在活动中,综合、体验、尝试、合作、行走、实践、探究、生成等都成为学生主要的学习方式,而这样的学习方式也一定会融入学科教学与学校教育活动之中,也一定会促进学校教学方式的深度变革。

结合已有的实践经验,我区探索了丰富的跨学科课程样态:幼儿园 REAL 课程:以生活为场景的真实性课程;SEEK 课程:基于真实情景的行走式学习;GUP 课程:实践导向的探索性学习;READ 课程:以万物为资源的探索性学习;STORY 课程:以探究学习为中心的开放性课程;4C 课程:指向学生关键能力的探究性学习;PHD 课程:基于问题的研究性学习;LIGHT 课程:以学习为中心的跨学科课程;OPEN 课程:以学生为中心的开放式学习;FROM ME 课程:以学习者为中心的开放性问题学习;Magic 课程:创意物化导向的融合课程;SMILE 课程:以情境为基础的深度学习……这些创意设计是课程亦是学习方式。未来,我们仍将继续探索与实践。

执笔人:张燕丽

2019 年 5 月 10 日

# 创意设计 1

## 幼儿园 REAL 课程：以生活为场景的真实课程

幼儿园 REAL 课程由目标导向、亲身参与、实践探索、回归生活四大要素构成，紧密围绕"选择内容、还原生活、搭建平台、优化评价"四个部分进行设计与实施。"选择内容"即课程内容的选择从幼儿的兴趣需要和生活出发，并且设定一定的目标导向，让活动真实有效。"还原生活"即让幼儿的学习在真实的生

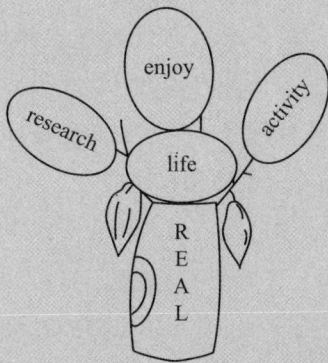

幼儿园 REAL 课程要素结构图

活情境中进行。"搭建平台"即课程的组织与实施充分利用家长和社会资源，拓展课程实施的途径，让课程在真实生活中落地发生。"优化评价"则是从课程的评价入手，通过多角度、多维度且符合幼儿园特点的评价方式，真正促进幼儿的发展，让课程真正服务于幼儿。幼儿园 REAL 课程基于真实的生活场景，让幼儿从已有经验出发，在生活中探索，在活动中成长，最终促进幼儿全方位的发展。

郑州市金水区第一幼儿园,原名金水区纬四路幼儿园,隶属于郑州市金水区政府、金水区教育体育局,始建于 1956 年,占地面积 4 398.78 平方米,建筑面积 5 000 平方米,是一所公办性质的省级示范性幼儿园。幼儿园 REAL 课程是结合幼儿年龄特点、发展需要、社会变革、幼儿园特色,在幼儿园"小不点梦想教育"课程的整体构建下设置的以生活为场景的真实性课程,尝试对幼儿学习方式、教师教学方式进行转变,最终使课程真正为幼儿服务,一切为了幼儿的全面发展。

## 一、缘由与原型

幼儿园 REAL 课程是经验性的课程,是传统课程向幼儿生活领域课程的延伸。课程的实施一方面从内容上对幼儿园已有课程系统的空白进行填充,另一方面也进一步拓宽了幼儿园课程整体实施的途径,促进幼儿综合素养和多方面能力的提升。

### (一) 幼儿园整体课程建构

郑州市金水区第一幼儿园自 2012 年重新改扩建开园以来,秉持着"梦想教育"的教育哲学,立足于"每一个梦想都精彩"的办园理念,追求着"梦想满满,全面发展"的教育目标,开发了幼儿园"小不点梦想教育"品质课程,在办园品位和内涵发展上都得到了长足的发展。

回顾发展历程,幼儿园课程的建构经历了以下阶段:先期开发了园本健体特色课程体系,构建了"三动健体"的园本课程框架:专业体能活动——小小球儿乐之足球;七彩童心——心理健康课程;四季劳作——劳动课程,等等。中期进行了校本课程建设,形成了以健康领域为特色的幼儿园各领域园本课程体系。2017 年,作为金水区首批品质课程实验校 11 所学校中唯一的一所幼儿园,我们在专家的引领下,通过不断的实践摸索、理论探究,最终确立了幼儿园"小不点梦想教育"课程整体规划及五大领域课程群建设方案。

众所周知,2017 年教育部印发了《中小学综合实践活动课程指导纲要》,文件的出台有效推动了综合实践活动的实施。幼儿教育是基础教育的重要组成部分,我园依托这一指导性文件,在幼儿园整体课程实施的推动下,对幼儿园综合实践活动开展中出现的问题进行不断审视、调整。因此，幼儿园 REAL 课程并不是我们刻意推崇的"新课程"，而是在实践探索的过程中，我们通过对已有课程的再次梳理，对幼儿发展需要的再次评估，在充分结合幼儿园课程建设经验的基础上，整合前期经验而设置的。

幼儿园课程建设的已有经验、国家出台的文件要求，都为后续幼儿园综合实践活动课程的优化提供了成熟而有力的实践保障；扎实的课程建设让教师们有抓手、孩子们有收获，共同努力实现"梦想满满，全面发展"的育人目标。

**（二）综合实践活动课程的实践探索**

美国教育家克伯屈说过："教育属于生活、教育为了生活，而且教育要依靠并借助于生活。"对于幼儿园来说，"一日生活皆课程"，这也正是我园初期"生活·游戏"课程的主要内涵，这里所指的"生活"是指幼儿园的一日生活。在此基础上，我们以幼儿生活的真实环境为依托，借助主题或专题课程，相继开展了"我爱社区""走进宠物医院""干洗店""自然课堂"等系列实践课程。课程通过探究、发现、体验、认知等实践活动之后，又回归到幼儿的生活游戏中，让幼儿习得经验的过程真实发生在幼儿的游戏中。从"经历生活"到"游戏再现"让幼儿游戏变得丰满有趣。

在实践探索的基础上，我们再次站在一定高度审视了幼儿园的已有课程及领域课程，结合已有的课程设置，通过再次对内容和实施途径的梳理与调整，幼儿园综合实践活动 REAL 课程诞生了。

我们希望通过幼儿园 REAL 课程的开发与实施，在完善幼儿园课程的同时，真正促进幼儿能力的提升、社会性的发展、良好亲子关系的形成。根据实践中的经验，我们进一步提炼出了幼儿园 REAL 课程的名称与内涵。

**二、创意与命名**

"real"一词，中文译为"真的、真实的、现实的"，这也符合我们提出的幼儿园综合实践活动 REAL 课程的课程理念：以生活为场景的真实课程。

从课程内容的角度来看，经验尤其对幼儿期的学习至关重要，幼儿获得的一切经验必须建立在真实的、现实的人类社会活动中。大教育家陶行知先生提出"生活即教育，社会即学校，教学做合一"。因此，课程的内容源于生活、源于幼儿兴趣、源于幼儿主动需要。

从幼儿教育的角度解析，在深层次上，幼儿园 REAL 课程蕴含着我们对综合实践活动课程的理解和定位。课程倡导：幼儿园、教师、家长要引导、鼓励、支持幼儿亲身参与生活中的实践活动，赞同在此过程中幼儿使用的各种方法，并认同幼儿获得的直接经验，接纳幼儿个性化的发展，最终促进幼儿全方面的发展。

从课程的实施途径分析，"真实的生活"更是课程实施的有效途径与最终落脚点。《幼儿园工作规程》中提到幼儿园"以游戏为基本活动，寓教育于各项活动之中"，这是幼儿园教育的一条指导原则。幼儿在游戏中学习和发展，幼儿园 REAL 课程亦是从生活中来（幼儿需求）探索、发现、总结；到游戏中去（幼儿实践）学习、转化和获得。

幼儿园 REAL 课程秉持幼儿在实践活动中"感受、体验、探索、发现"的基本理念，遵循幼儿的发展规律和需求，设计幼儿真正感兴趣且有价值的教育内容，促使幼儿在"观察中感受""亲历中体验""过程中探索""实践中发现"，持续发展幼儿对生活的理解能力、认知能力和创造能力，让课程"真实地发生在幼儿的世界"，从而体现幼儿园 REAL 课程的本质内涵。

**三、要素与操作**

REAL 的每一个字母又可以分解为由 R、E、A、L 四个首字母组成的、具有幼儿园教育本质意义和综合实践活动明显特征的 research（探索、调查）、enjoy（享受、参与）、activity（活动）、life（生活）四个单词，进而整合成以幼儿为主体的幼儿园综合实践活动 REAL 课程。

**（一）"R"——research**

research 从直观上体现了幼儿在课程中的活动与学习方式：调查与探索。幼儿园 REAL 课程中，"小脚丫行千里远""大眼睛观大乾坤""小小手研万生物""小脑洞装大梦想"，促使幼儿根据主题内容或问题引领，在真实生活中通过调查与探索的方式进行主动、有效的学习，强调幼儿在游戏中乐于探究、勤于动手和勇于实践，注重体验与获得。

**（二）"E"——enjoy**

狭义上，enjoy 指幼儿真正参与活动并乐在其中；广义上，enjoy 更体现了幼儿在幼儿园 REAL 课程中的深度参与。当课程落地，幼儿真正参与其中时，便在此过程中有所收获。

**（三）"A"——activity**

activity 意为活动，这里的活动是在兴趣的基础上，为达到一定目的而进行的活动。也就是说，幼儿园 REAL 课程中的活动内容是基于幼儿的兴趣和需要，通过教师有目的地引导、组织来进行的。同时，幼儿园 REAL 课程不是对单一领域的整理，而是幼儿园五大领域内容的融合，通过主题活动或单元活动组织，在系列活动中促使幼儿多种能力的发展。

**（四）"L"——life**

life 是幼儿园 REAL 课程的核心要素，它不仅显示了课程实施是在以生活为场景的真实环境中进行的，也包含了课程的内容源于幼儿生活，且最终服务于幼儿生活的深意。这也是《幼儿园教育指导纲要》提出的"幼儿园应为幼儿提供健康、丰富的生活和活动环境"的要求。同时，其他三个要素也都建立在 life 的基础上：在生活中探索、在生活中参与、在生活中获得。

**四、运用与策略**

基于对要素的再次梳理，我们确定：幼儿园 REAL 课程就是真实的生活课程，要在大自然和大社会里实现。通过对课程的全方位、深层次的解析，根据课程理念与要素，我们建构了幼儿园 REAL 课程要素结构图，具体见图 1-1。

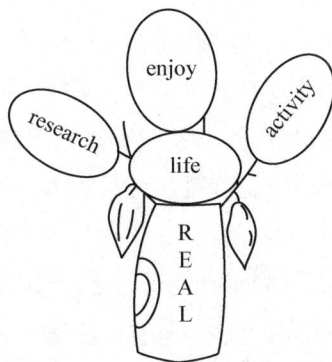

图 1-1  郑州市金水区第一幼儿园 REAL 课程要素结构图

在要素结构图中，我们可以看到课程要素的构成，可以更加直观地感受到 life 的核心地位：课程在生活场景中进行，课程的内容源于生活，幼儿的探索过程就是真实的学习过程。

基于幼儿园五大领域的传统教育知识内容，幼儿园 REAL 课程的开发与设计也是基于幼儿的身心发展特点、兴趣激发和发展需要,建立在幼儿已有经验的基础上,对丰富的社会、自然资源进行有效挖掘、利用、整合、优化,强调幼儿综合素质的发展,具体着眼在感受、探索、发现中获得的直接经验对幼儿终身发展的价值和意义。因此,我园在幼儿园 REAL 课程的操作中主要运用了以下策略:

**(一) 紧贴幼儿需要,丰满课程内容**

我们给予幼儿的,一定是他们需要的。幼儿园 REAL 课程的设计与开发、内容的选择源于幼儿生活,满足幼儿兴趣,符合幼儿需求。

在家庭教育中,教师通过多种途径帮助家长更新教育理念,促进每个家庭逐渐形成有特色的亲子活动内容。每个家庭成员的职业不同、受教育的程度不同、对幼儿的教育理念不同,但每个家庭都可以根据自身的兴趣爱好、职业条件或者环境优势,结合幼儿的需要进行五大领域相互渗透融合的亲子活动。例如,依托幼儿园在六一节进行的亲子创意帽活动,家长跟孩子一起搜集制作帽子的各种材料,根据创意动手动脑制作;借助幼儿园元旦创意灯笼的活动,每个家庭都积极参与,搜集资料、整理素材、共同制作,而孩子的多方面能力也在此过程中得到了进一步的提升。

在游戏中,教师通过着力创设和打造特色区域游戏,让小社会模拟大世界,让游戏模仿成为真实再现。例如,中一班在幼儿园 REAL 课程下创设的区域游戏"宠物医院",结合游戏主题开展了亲子主题单元活动——宠物医院。在家长的支持下,每个幼儿都从自己的视角去理解"宠物医院",看看宠物医院到底是干什么的,具体有哪些工作,宠物医院的员工需要做什么,他们又是如何与宠物、与顾客交往的……这些幼儿在实践活动中取得的经验,在班级创设的区域(角色)"宠物医院"中得以运用,进一步深化了活动的内涵,有效促进了幼儿对活动的参与度,使幼儿的发展更为均衡、全面。此外,"小小舞台"中不仅有艺术领域的内容,也有社会领域的自信心的培养,同时也包括了幼儿间相互配合和交往能力的发展;"建筑工地"的游戏中,不仅有科学领域中方位与空间的知识,也涵盖了艺术领域中的建筑美,提高幼儿解决问题的能力,增强幼儿责任意识和任务意识。通过特色区域游戏的开展,幼儿体验快乐游戏的同时丰富了其他方面的知识,也就是说,看似简单的游戏内容,是教师精心创设的、涵盖多个领域内容的、促进幼儿综合能力发展的,以真实生活为场景的真实性课程。

**（二）建构生活场景，落实课程探索**

幼儿园 REAL 课程通过梳理、整合、优化教育资源，实现幼儿园各领域内容的有机融合。学龄前儿童的年龄特点决定了幼儿园综合实践活动开展的特殊方式——走出去、请进来。

"不便走出去也要走出去"——学龄前阶段的幼儿年龄小、独立能力较差，但是为了他们的发展又必须让其走出去，因此，我们充分利用资源创造条件，努力带孩子们走出去。例如，幼儿园 REAL 课程单元独创的"四季劳作"课程，幼儿园每年春、秋两季分年龄段，组织幼儿走进大自然进行探索和学习：看看春季的麦苗如何抽穗拔节；试试怎么在田垄上进行松土播种；感受秋季掰、剥玉米，拔、摘花生的喜悦……

"更易请进来补空白"——为了填补幼儿园整体课程内容上的空白，我们利用请进来的方式，通过幼儿园 REAL 课程单元的专题实践活动组织进行。例如，我们在丰收时节会将小麦、玉米、豆子、谷子等"请"进幼儿园，让幼儿通过打麦场、碾油菜籽、剥玉米的方式体验劳动的过程，在真实的劳动中，初步实践解决当下幼儿出现的"体不出汗，手不劳作；食不知味，活不会动"的问题，从而为幼儿树立良好的劳动观念和获得基本生活常识、经验。

这样的活动方式，通过幼儿园 REAL 课程来实现，是多种能力的实践，多种经验的获得，多种体验的亲历。

**（三）整合社会资源，搭建多维平台**

3—6 岁幼儿的年龄特点，决定了幼儿园的综合实践活动必须依托家长的支持与配合，充分挖掘多种社会资源。每个班级会根据幼儿年龄特点、发展需要或是生活中生成的教育契机开展亲子类主题单元活动。例如，大二班上学期进行的《我的社区》主题活动，在幼儿尚未搞清什么是"社区"的情况下，教师通过调查问卷的方式，引导幼儿关注自己的居住环境，通过走进社区看看有什么，用自己的方式记录调查的结果，从而理解什么是"社区"。在此基础上，班级便围绕这一主题，开展了"我的社区地图""家——幼儿园的路线""我规划的社区"等多个不同方式的活动，内容涵盖了语言、科学、社会等多个领域。同时，我们充分利用家长资源，邀请消防、交通、医生等不同职业的家长走进幼儿园，通过多种形式的活动给孩子们带来丰富的职业体验及生活感受。

因此,幼儿园 REAL 课程在幼儿园的实施,要在深度挖掘、整合社会资源的同时,引领和携手家长这一同盟军,以达到科学保教的任务。正是借助这样的亲子类主题单元活动,在班级教师的支持、引导下,在家长的辅助下,幼儿才能真正通过多种真实任务模式对实践活动的主题有更深的体验收获。

**(四)保障课程发展,优化活动评价**

评价能够保障课程良性发展,体现活动的有效性,能记录和总结幼儿的发展水平,诊断课程本身的开展状况,帮助幼儿园及时调整和完善课程。

我们通过过程性评价和终结性评价相结合的方法对课程、教师、幼儿三个维度进行全方面的评价。在对课程的评价上,教师和家长要对课程设置的合理性、内容的适用性、实施的有效性进行综合评价;在对教师的评价上,由专家、同行、家长三方面进行评价;在对幼儿的评价上,由幼儿教师和家长针对在活动中的兴趣、参与度、收获等多个方面进行评价。

这些评价结果最终汇集在一起,作为幼儿园整体把握课程方向、调整实施策略的重要依据。

**五、案例与分析**

确定了幼儿园 REAL 课程的内涵与要素,根据设计与实施的具体要求,结合"四季劳作"课程的内容需要,我们设计并组织实施了《2019 年大班春季主题实践活动:"小小特种兵——春天伴上迷彩绿"》,以此为例进行分析:

活动开始前,幼儿园利用班级平台对全体大班幼儿布置了关于春天及团队合作相关问题的资料搜集与整理的小任务,有意识地引导幼儿带着问题在实践活动中进行探索,同时,幼儿园也制定了明确、详细的活动方案。活动要求带领幼儿走进田间地头,用多种方式感受春季作物的发芽、生长及万物复苏的景象,寻找春天的美丽。同时,针对大班幼儿的年龄特点,组织了分小组的搭建帐篷及 CS 军事对抗赛,促使幼儿在真实的生活情境中感受团队合作的重要性,增强团队意识,也锻炼幼儿的反应能力。当生活情景中的活动结束后,我们请幼儿用谈话、绘画等方式记录自己在活动中的感受(收获),并结合活动中的具体表现,对自己和同伴进行自评和互评;教师、家长则需要对活动内容的选择、活动的组织形式、活动的效果进行评价。在此基础上,对课程的设计与实施作出及时的调整。

这样的综合实践活动,体现了幼儿园 REAL 课程"以生活为场景的真实性"的核心理念及要素。

**(一) 走近春天,走进生活**

从内容上说,此次活动内容来源于幼儿生活、符合幼儿兴趣需要、体现幼儿园课程五大领域间的渗透与融合。一方面,季节的变化让幼儿对春天有最直观的认知和感受,他们渴望走进真实的春天,探索自己未知的问题;另一方面,幼儿的身体在运动中得到了锻炼。幼儿能用"美"的视角发现、感受春天的变化;幼儿的交往能力、团结协作的能力在游戏中得到提升;幼儿的语言表达能力在交流与运用中得以提高。

**(二) 真实体验,真正收获**

从活动的实施上说,我们深度挖掘社会资源,精准梳理活动设计,在教师的组织下,幼儿真正走进大自然,切身观察麦苗拔节的生长阶段,用自己的视角审视大自然,并在生活场景的真实环境中通过游戏的方式体验、感受团队的合作与力量。从活动的方式上说,幼儿是活动的主体,他们主动参与、乐于探究、勤于动脑,在实践的探索中获得直接经验。

**(三) 开发资源,深度保障**

为了构建真实生活的学习情景,我们在考核了多个综合实践基地、多次调整活动设计后,依据活动前幼儿问卷调查结果,选择了我们认为最安全、最适合幼儿活动的场地及内容,在建立完善的安全保障制度的前提下,我们带领幼儿走进实践基地,在农田里进行观察、在山坡上进行游戏,搭建了多维度的活动实施平台。

**(四) 多彩评价,无限延伸**

本次活动后,各班都根据不同的班级特色进行了幼儿反馈活动。大一班请幼儿回家后将一天的活动用故事的形式讲出来,爸爸妈妈负责记录;大二班则是在活动中着重引导幼儿参与帐篷的小组搭建环节,请幼儿用绘画的方式记录自己小组搭建帐篷时的场面;大三、大四班的老师着重引导幼儿对麦苗进行了观察与写生,更加细致地感受拔节这一生长过程……活动后,各班的家长又通过微信群、QQ 群、书面反馈等多种方式对本次活动进行评价与反馈,更加有效地对课程内容的设置、教师活动的组织、课程落实中的细节提出了宝贵的意见和建议,为我们接下来对课程的调整与实施提供了有力的支持。从另一层面上来说,本次活动中延伸出的新内容将成为下一阶段各班的活动重点:帐篷怎么搭?怎么看懂说明书?小组的配合要如何分工?小麦除了拔节还有哪些生长环节?等等。

因此,幼儿园 REAL 课程是一种经验性的课程,是向幼儿生活领域延伸的课程,是最能体现幼儿园综合实践活动特点、满足幼儿个性差异的发展性课程。

### 六、收获与反思

"不积跬步无以至千里。"只有通过兴趣的培养、习惯的养成、能力的发展、行为的提升,才能使幼儿真正有意义地成长。幼儿园 REAL 课程——让真实发生在幼儿的世界。"洞天有乾坤,方寸见世界。"真实地用"小脚丫行千里远,大眼睛观大乾坤,小小手研万生物,小脑洞装大梦想"实施全面发展教育。幼儿园 REAL 课程——让真实陪伴幼儿的生活。"少年强则国强,少年志则国志","幼有所育",全民所系。整合家、园、社会的优质资源,实现幼儿园、教师、家长引导幼儿在以生活为场景的环境中进行综合实践课程的体验与探索。幼儿园 REAL 课程——真实激发幼儿的学习兴趣。

幼儿园 REAL 课程的实施,不仅有效促进了教师教育观念、教育方式的转变,也大大提升了幼儿的综合素食和实践能力,促进幼儿个性化的全面发展。

在课程的实施预评价中也有以下几点反思。反思一:课程内容的选择要源于生活,活动的实施要在生活场景中进行;反思二:课程的整体实施要结合幼儿年龄特点和学习需要,在课程实施过程中需要"内外结合",落实组织细节,注意安全保障;反思三:课程的评价或课程成果的呈现方式要符合幼儿特点。

对于幼儿园来说,并没有明确的"综合实践活动"课程及具体要求,而幼儿园 REAL 课程的主要内容是对幼儿园五大领域课程内容的整合,结合课程改革相关要求进行的,在以生活为场景的真实情境中开展的课程。

幼儿园 REAL 课程——让真实发生在幼儿的世界。

(创意单位:郑州市金水区第一幼儿园　撰稿人:刘霞　郭敏　齐静静　毕卫华　海茹)

**创意设计 2**

# REAL 课程: 过程导向的真实性学习

REAL 课程由真实的调查、真实的产生、真实的分析、真实的探明四大要素构成，紧紧围绕"调查真现象、产生真问题、展开真分析、探明真结论"四个环节来开发和实施课程。"调查真现象"指发现身边真实的研究对象，并进行初步的观察。"产生真问题"指产生真实

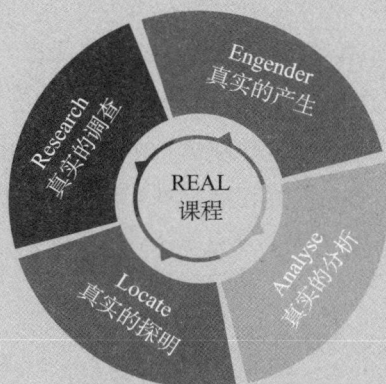

REAL 课程要素结构图

的研究问题，形成研究课题。"展开真分析"指在真实探究过程中进行分析与整合。"探明真结论"是指探明现象的本质、真相，形成研究成果或者研究结论。"REAL"是指真实，REAL 课程基于学校"求真教育"哲学，指向了活动的全过程，以"过程导向的真实性学习"为理念，聚焦育人目标，重视学习过程，倡导真实学习，实现"求真教育"。

郑州市金水区纬五路第一小学在"求真教育"哲学的引领下,规划"小脚丫课程",为师生绘制了"循着生活的诗情、感受生命的真谛"的教育图景。为发挥育人功能,实现育人目标,我校设计实施 REAL 课程,关注学习过程,让综合实践活动成为真实性学习的原点。

**一、REAL 课程的缘起**

围绕"求真教育"哲学,我校综合实践活动课程的实施逐渐从全过程、各环节走向更深刻的变革,改变了学习形态,形成了新的教育模式。我们认识到,综合实践活动课程是一种基于真实情境、使能力生根的课程。在多年的课程实施中,学校力求构建具有真实过程的课程形态,开发实施探寻传统文化的《走进中医本草》《槐花之约》,探秘现代先进技术的《地铁闸机工作效率的调查》《小区里的智能垃圾箱》,探索身边真实生活的《植物乐园》《校园噪音》等主题活动。这些活动都是基于真实过程的课程实践,有效推动了学校育人目标的实现。因此,我校的课程具有如下四个方面的特点:

**(一)多元真趣的学习场域**

我校的综合实践活动课程学习发生在真实的生活情境中。如《走进中医本草》课程,以丰富的中医知识为背景,到中药博物馆参观,赴中药种植基地作业,在同仁堂学习实践,前往中医院探访中医专家等,学习场域多元、真实,提升了学生的学习兴趣。

**(二)丰富扎实的学习形式**

在课程学习的过程中,重视学生活动形式的丰富性。课程通过认知式、学习式、参观式和体验式等方法,进行调查、研究、分析、测算等形式的学习,同时整合学科知识,综合学习能力,开展问题研究。

**(三)能力为根的真才实学**

课程学习注重学生的能力生根。在活动过程中,将不同学段学生的学习能力进行细致划分,关注学生的基础能力、综合能力和学科表现能力。

**（四）实践为基的求真品质**

学校课程基于过程导向，以"求真教育"哲学为引领，重视学生的"求真意识"和"求真品质"，将真实的学习作为综合实践活动课程的原点。

课程实施的核心需要建立在科学、富有实证意义的研究过程中。在多年的实施基础上，我们提炼步骤和做法，结合学校"求真教育"哲学，形成了 REAL 课程。

## 二、REAL 课程的创意与要素

REAL 课程崇尚真实的学习过程，是在综合实践活动课程开设的经验基础上探索形成而来的，为学生绘制了真实而美好的学习图景，具有"求真"特色的课程创意理念和课程要素。

**（一）课程创意**

"REAL"是指真实，指向了活动的全过程。REAL 课程秉承"过程导向的真实性学习"这一理念，聚焦育人目标，重视学习过程，倡导真实学习，实现"求真教育"。

**（二）课程要素**

REAL 课程名称由"Research（调查）""Engender（产生）""Analyse（分析）""Locate（探明）"的首字母组成，分别代表了课程的四个要素：

Research：课程要具有真实的问题调查，即要关注和调查真实的生活情境和学习情境中的问题。

Engender：课程要具有真实的问题产生，问题是学习的前提，只有在研究真实问题的时候，学习才是有意义的学习。

Analyse：课程要建立真实的问题分析，要给学生真实的学习任务，拥有真实的分析探究过程。学习中，要真合作、真交流、真探究、真生成，这样的过程才扎实可见。

Locate：课程要具备真实的问题探明，要探明研究对象的真实性，要有对学习过程的真实反思和结论的真实总结。

综上所述，我校的综合实践活动设计建立了具有过程导向的真实学习模型（见图 2 - 1）。

过程导向的真实性学习，建立在真实的问题调查、真实的问题产生、真实的问题分析和真实的问题探明四个要素基础上，使综合实践活动课程的全过程、各环节具有真实性、独特性。

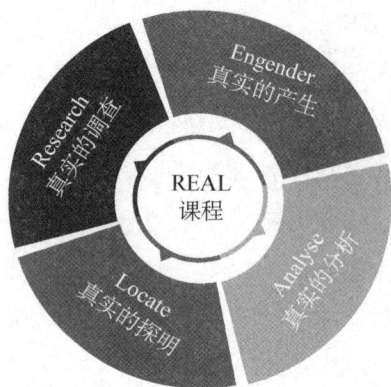

图 2-1　金水区纬五路第一小学 REAL 课程要素结构图

### 三、REAL 课程的操作与实施

基于以上思考,我们认为,综合实践活动需要建立真实的研究过程,在操作中,REAL 课程通过调查真现象、产生真问题、展开真分析、探明真结论四个流程来完成学习。

调查真现象,是指在综合实践活动过程中,首先要发现身边真实的研究对象,并进行初步的观察、调查与猜想。

产生真问题,是指经历了第一步,对真实情境中的现象调查,产生真实的研究问题,形成研究课题。

展开真分析,是指综合实践活动课程最重要的一个实施过程,学生需要在明确真实问题的基础上,开展探究活动,通过收集资料与数据、现象观察、动手实践、职业体验等方式得到的信息展开分析,在真实探究过程中形成理性的分析思维和分析能力。

探明真结论,是指经过上述学习过程,学生探明现象的本质、真相,形成研究成果或者研究结论。学生的研究结论或许并不能像科学家一样精准,但我们的课程宗旨是要让学生得出最真实的结论。

这四个流程是综合实践活动必须遵循的学习过程,依据的是苏联心理学家列昂节夫的学习活动结构理论。他对活动的结构进行分析,认为一切活动的结构都是由以下环节组成的:1.内导作用,即调查现象、产生问题;2.同对象环节实际接触的效应过程,即分析探究问题;3.借助于返回系统修正和充实起初传入的映象,即探明问题。活动学习结构理论对指导学生开展综合实践活动课程有着重要的作用。因此,该流程具有完整性和顺序性,既缺一不可,又不能调换学习过程的顺序。

### 四、REAL 课程的案例与分析

REAL 课程基于真实的学习过程,用跨学科整合的学习方式开展学习,从现实情境中拓展出更多的跨学科课程研究的视角,进而整合生成全新的课程,对学生进行高阶思维能力的培养。(见表 2-1)

表 2-1　金水区纬五路第一小学《经纬郑州》课程设置表

| 学期 | 主　题 | | |
|---|---|---|---|
| 一上 | 动物与环境 | 身边的汉字 | 听身边人唱豫剧 |
| 一下 | 植物乐园 | 生活中的字母 | 家乡的美食——蔡记蒸饺 |
| 二上 | 小区里的健身器材 | 我身边的体育明星 | 家乡的美食——花馍馍 |
| 二下 | 身边的水 | 学校里的体育设施 | 槐花之约 |
| 三上 | 常见的水果研究 | 走进消防 | 家乡的艺术——泥塑 |
| 三下 | 风的自述 | 走进中医本草 | 家乡的艺术——面具 |
| 四上 | 饮食习惯调查 | 我的上学之路 | 家乡的艺术——剪纸 |
| 四下 | 饮食与健康 | 广告牌里奥秘多 | 小区里的智能分类垃圾箱 |
| 五上 | 郑州的地形 | 走进地铁二号线 | 公园探秘 |
| 五下 | 文明出行畅通郑州 | 经纬文化调查 | 走进动物园 |
| 六上 | 生活中的光 | 校园噪音 | 走进博物馆 |
| 六下 | 郑州天气研究 | 郑州广告文化 | 省体的变迁 |

以《小区里的智能分类垃圾箱》主题为例,进行如上四个流程的实践操作说明与分析。

**(一) 调查真现象**

小区里有一个"神奇的宝贝",人们只要走到那里一刷卡,这个神奇的宝贝就会自动打开,这到底是什么东西呢? 学生通过仔细观察后发现,原来这是一台智能分类垃圾箱。由此,学生通过现象研究,构建初步的学习认知。

**(二) 产生真问题**

学生发现这个垃圾箱非常神奇,于是都想去看看这个智能分类垃圾箱长什么样,并且产生了很多问题,如:它是个机器人吗?它是怎么分类的?我们学校是不是也能安装这样的智能分类垃圾箱?于是,学生决定成立一个调查小组一探究竟。问题的产生和确立,是研究过程中最重要的一环,它意味着研究的完整性和深入性。

**(三)展开真分析**

学生开展了如下探究活动:通过实地考察了解什么是智能分类垃圾箱,如何使用,通过亲身体验了解智能分类垃圾箱使用时是否方便,通过对专业人员的访问了解智能分类垃圾箱的具体实施和原理,通过调查问卷研究智能分类垃圾箱能否在各个社区和学校普及。调查市民对垃圾分类回收了解多少,是否做好了将垃圾分类处理的准备。这是综合实践活动研究的主要模块,也是学生能力提升的重要过程。

**(四)探明真结论**

学生通过探究活动,写出了十条探究结论并作出研究反思,哪怕是并不成熟的研究结论。通过案例分析,我们发现,REAL 课程的实践操作基于真实过程,能够培养学生的实践能力和求真意识。

**五、REAL 课程的点拨与提示**

REAL 课程关注真实学习,重视学生真实的学习过程。在课程实施过程中,有以下几点提示:

一是要突破教材局限,充分利用课程资源,拓宽学习场域,设置真实学习情境,关注真实生活;二是要促进跨学科整合学习,关注复杂问题,让问题真实产生,让课程真实发生;三是要关注课程学习的过程与学习结果之间的关系,通过真实学习过程,产生真实学习结论,给予基于过程的发展性评价。

任何课程都应具有真实的学习过程,REAL 课程以过程为重,关注真实学习,将会成为学生成长成才的推助器,我们也将在未来的实践中不断探索,提升课程品质。

(创意单位:郑州市金水区纬五路第一小学　撰稿人:侯晓红　张力伟　郑璇)

# 创意设计 3

## SEEK 课程：基于真实情景的行走式学习

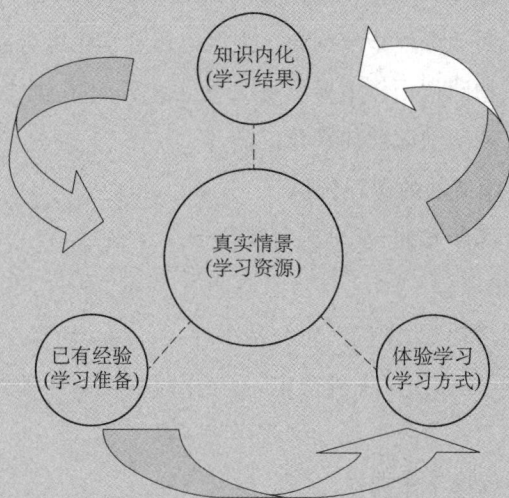

SEEK 课程四大要素关系图

SEEK 课程由真实情景、已有经验、体验学习、知识内化四大要素构成,紧紧围绕"我知道、我行走、我感悟"三个环节来开发和实施课程。"我知道",即学生的已有经验和行走前做的学习准备。"我行走",即学生在行走中体验学习。"我感悟",即学生将体验内化为个人认知。SEEK 课程基于真实情景,学生从已有经验出发,在行走中体验,最终获得知识内化和能力提升。学生在 SEEK 课程中经历从认识到实践、再从实践到认识的循环式学习探究过程。

教育是对梦想的追求,教育是助力圆梦的事业。郑州市金水区未来小学在"梦教育"哲学的引领下,秉承"助力梦想,出彩未来"的办学理念,不断探寻促进学生多元发展的策略,通过整体架构丰富、多元、开放的学校课程体系,大力推进综合实践活动课程,提升课程品质,创造一个满足不同学生成长发展需求的课程环境。

**一、缘由与原型**

综合实践活动课程是课程改革的亮点,也是课程改革的创新点。2017 年教育部发布《中小学综合实践活动课程指导纲要》,强调以培养学生综合素质为导向。学校依据《中小学综合实践活动课程指导纲要》,深入落实课程改革,建构校本化的综合实践活动课程,推进综合实践活动课程体系化。

**(一)基于综合实践活动的课程价值**

早在 2001 年教育部印发的《基础教育课程改革纲要(试行)》中,就规定了综合实践课程作为中小学必修课程。2017 年教育部再次发布《中小学综合实践活动课程指导纲要》,就"综合实践活动"的课程性质与基本理念、目标、内容与方式、实施等一系列关乎课程发展的重要问题作出了明确规定,重申了综合实践活动课程在基础教育课程体系中的地位,这标志着综合实践活动课程迈入了新里程。

**(二)深入落实学校校本化课程**

学校在"梦教育"哲学的引领下,建构"梦之 π"课程,不断形成丰富、多元、开放的学校课程体系,把"梦课堂""梦学科""梦之队""梦之旅""梦之声"作为实现育人目标路径来落实课程,努力培养"有爱有梦、有智有趣"的未来少年。其中,"梦之旅"就是学校开发设计系列主题式研学旅行课程,如"茶香味正浓"课程,走进唐人街茶城,了解茶文化,感受茶艺之美,赏味茶味之醇,激发学生热爱祖国传统茶文化的情感。学校正通过活动、体验扩宽课程实施途径,大力推进综合实践活动课程的发展。

**(三)深度推进综合实践活动课程**

学校位于金水区玉凤路与商城路交叉口东北角,处在金水区、管城区、郑东新区的交界之地,古老而美丽的熊耳河从校门前缓缓流过,河上大大小小形态各异的桥梁就有 42 座之多，每一个时代，每一座桥梁，都有着美丽的传说、动人的故事。学校基于地域特色，依托周边资源——熊耳河，开设了《走近熊耳河》等系列课程。学生通过观察、行走、体验等全面深入地走近熊耳河，了解熊耳河的建筑特点，观察熊耳河畔的四季景色，感受熊耳河的魅力及它在郑州的特殊地位及历史价值。

**二、创意与命名**

最高效的学习在路上，学生在行走的过程中，领略自然山水，感悟历史古迹，寻找和接触更广阔的真实情景，丰富自身的学习生活，发散思维，拓宽视野，开阔心胸，强大内心。学生在真实情景中动心动情体验，品味酸甜苦辣，感悟行走意义，找到生活中真正的美好。综上所述，学校基于真实情景的行走式学习，设计 SEEK 综合实践活动课程。

SEEK 一词是由"真实情景（Scene）""已有经验（Experience）""体验（Experience）""知识内化（Knowledge-internalization）"四个英文单词的首字母组成的，寓意"学生基于已有知识和生活经验，在真实情景中行走、实践、体验、感悟，从而达到知识内化和能力提升的效果"。此课程理念为：在行走中成长。课程主张学生走出校园，走进自然，走进生活，走进社会，在生活化、情景化的氛围中激发内在的探索需求，主动探究、实践，获得丰富体验，提升综合能力。

**三、要素与操作**

在"在行走中成长"的课程理念的引领下，学校开发了 SEEK 综合实践活动课程，进一步明确课程的构成要素和实施操作，这既为课程开发与设计指明了方向思路，也为课程有效实施奠定了基础。

**（一）SEEK 课程的四大要素**

课程要素是构成课程必不可少的因素，SEEK 课程主要由真实情景、已有经验、体验学习、知识内化四大要素构成，它们构成有机的统一体，共同推进 SEEK 课程的开发与实施。SEEK 课程四大要素关系图见图 3-1。

1. 真实情景

真实的情景可以让人很自然地融入、体验和感悟，人和情景的融合，是实践的最好状态。学生在与实践活动目的相适应的客观环境和条件中参与、体验学习，使实践活动具有针对性。SEEK 课程依托学校周边的课程资源——熊耳河，建构了《走近熊耳河》等系列课程体系，这些课程都是基于学生身边的真实情景，他们有感情、愿投入、乐

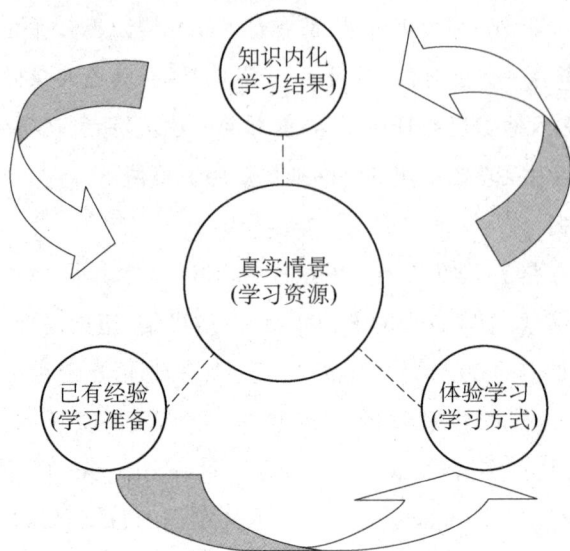

图 3-1　SEEK 课程四大要素关系图

实践,能在其中真正有所收获。

2. 已有经验

在行走体验前,学生已具备一定的生活经验和学习经验,同时通过查阅资料来了解景点,做好学习准备。活动体验时,应当把学生原有的知识经验作为新知识的生长点,引导学生从原有的知识经验中生长新的知识经验。SEEK 课程关注学生通过查阅资料、制定研究计划等已习得经验和思维方法,引导学生利用旧知与新知建构联系,形成新的知识结构。

3. 体验学习

过程体验是实践的中心环节,是孩子与真实情景之间构成关系活动的基本方式,是走向情景参与的基本过程。[①] 杜威所主张的"从做中学"、陶行知所主张的"教学做合一",都强调亲身经历、亲身体验、亲身实践的重要性。SEEK 课程引领孩子走进自然,走进社会,在行走中去分析问题和解决问题,在过程体验中深化认知,锻炼能力,丰富情感,提升素养。

_____

① 郭元祥.综合实践活动课程与教学论[M].北京:人民教育出版社.2013,61.

**4. 知识内化**

对行动和感悟加以理性思考、反思,将它们内化成个人认知,并运用于学习和生活中,才是实践的最终目的。学生通过参与 SEEK 课程,在经历过实践、体验后,对感悟、体验进行总结、反思,使经验和体验上升为个人理解和个人认知。

SEEK 课程基于真实情景,学生从已有经验出发,在行走中体验,最终获得知识内化和能力提升。学生在 SEEK 课程中经历从认识到实践、再从实践到认识的循环式学习探究过程。

**(二) SEEK 课程的操作模式**

为了更加有效地落实 SEEK 课程,学校紧紧围绕"我知道、我行走、我感悟"三个环节来实施课程。"我知道",即学生的已有经验和行走前做的学习准备。"我行走",即学生在行走中体验学习。"我感悟",即学生将体验内化为个人认知。

**1. 基于学生经验,融合多维资源**

学生经验是课程实施的起点,是学生不断成长的条件。每个学生都是独立的个体,具有不同的生活世界,且成人经验和儿童经验存在着巨大的差异。因此,SEEK 课程需要关注学生已有的经验世界,将其运用到课程开发之中。同时,综合实践课程又是一门综合性很强的课程,需将学科课程、校本课程、学校活动、网络资源等与其进行多维整合,结合学校特色、地域特点,形成校本化综合实践活动课程。

**2. 探寻真实情景,激活多重体验**

小学阶段,孩子多以直观思维为主,看得见、摸得着的事物更易引起孩子的兴趣和好奇心。学校周边有丰富的课程资源,如熊耳河、建材市场、花卉市场、茶城等,都是学生了解社会、深入生活、学习新知的重要载体。SEEK 课程依托周边的课程资源,给学生创设真实情景,让学生在行走前,体验查阅资料、了解路线、制定计划等学习准备的乐趣;在行走中,体验与同伴合作,共享活动的乐趣;在行走后,有所思、有所悟,体验收获成长的乐趣。

**3. 深度行走学习,提升多种能力**

在行走前,学生需要做充足的学习准备,成员间根据个人不同的能力,承担不同的职责,带着问题和目的走进大自然,深入观察、记录、操作、体验,调动手、耳、口等多种感官,在观察中了解事物的特点,提高观察力;在小组互助中,提升沟通能力、合作能力;在解决问题的探究中,发展分析问题和解决问题的意识和能力;在感悟总结中,提高语言表达能力和反思能力。

4. 注重总结反思,借力多元评价

在真实情景中行走的最终目标是有所思、有所悟,通过自主构建,将经验内化为个人所有,并运用到实际学习和生活中。在尊重学生主体的情况下,教师鼓励学生个性化地表达自我收获,如通过演讲、绘画、撰写报告等形式呈现。教师在对活动作出评价的同时,通过讨论、协商、交流等方式引导学生进行自我评价、相互评价,让学生在问题讨论、成果分享中,主动分析自己的利弊得失,逐步完善自己的认知,拓宽自己的视野,达到自我反思、自我改进的目的。

**四、案例与分析**

学校已构建一系列校本化综合实践活动课程,如走近熊耳河、嵩岈山、绿博园、黄河湿地公园、大熊山等。这里主要以《走近熊耳河》为例,具体阐述 SEEK 课程的要素与操作。

习近平总书记指出:"绿水青山就是金山银山。"生态自然就是我们最好的学习资源。熊耳河从校门口缓缓流过,学校以周边教育资源"熊耳河"为依托,进行了系统的《走近熊耳河》的综合实践课程规划。

**(一)确定真实情景**

学校认为,适合小学生的学习方式必然是在真实情景下展开的,孩子们每天上下学都要经过校门口的这条熊耳河,熊耳河陪伴着孩子们的学习与成长。以水为师,以水化人,孩子们在行走、探索中感受熊耳河对他们生活的影响,产生爱河护河的意识,并付之于行动。带着真实的儿童问题,进行真正的心灵投入,展开真实的行走式学习,从而形成自己的思想,在孩子心中植下一颗珍爱水资源、关爱大自然的种子。

**(二)行走前充分准备**

在行走之前,学生要先做好一系列的准备,如通过上网查阅资料,寻找老郑州人等方式了解熊耳河的历史及背景,了解行走路线,制定行走计划等。学生在这个过程中,确定研究主题、研究方法以及预计会出现的困难和问题。有了这些充分的准备,学生便可以带着目的和问题走近熊耳河。在准备的过程中,学生收集信息的能力、发现并提出问题的能力等都得到提升。

## （三）行走中探索体验

在行走的过程中，孩子们用自己的眼睛去观察，去感受，用自己的方式去探索真实情景中的奥秘，这就是行走的意义。对于低年级的孩子来讲，在课程活动中，不管是实施内容还是评价，只要孩子参与其中，并对其生活或认识产生影响就可以了。孩子可能在默默地看、想，也可能会和同伴进行简单讨论，这就是他们体验、探索人生的未知精彩的方式。学校在三个年级推进《走近熊耳河》系列课程，调动所有学科的老师参与，为孩子提供有力的支撑，相继开展了《Hello，熊耳河！》《熊耳河的水》《饮水思源》《熊耳河边的柳树》《关爱熊耳河》等活动课程。在此基础上，学校整体构建了一至六年级的《走近熊耳河》综合实践活动课程，课程设置详见表 3-1。

表 3-1　《走近熊耳河》综合实践课程具体设置

| 活动主题 | 活动年级 | 活 动 名 称 | | | |
| --- | --- | --- | --- | --- | --- |
| 熊耳河的故事 | 一 | Hello，熊耳河！ | 约会河流 | 多彩熊耳河 | 水的秘密 |
| | 二 | 校园里的水 | 饮水思源 | 熊耳河的水 | 治理水的传说 |
| | 三 | 水的魔术 | 河与柳树 | 数学中的水 | 生命之泉 |
| 熊耳河的四季 | 四 | 四季的河水 | 观河吟诗 | 发现之旅 | 河与桥 |
| 熊耳河的朋友 | 五 | 我与熊耳河 | 熊耳河的生态 | 河之歌 | 研河行动 |
| 熊耳河的毕业设计 | 六 | 身边河流知多少 | 随手拍 | 熊耳河的未来 | 秀河风采 |

## （四）行走后感悟反思

行走是真实而有温度的收获，当学生在真实的情景中体验经历后，这些直接经验便潜移默化地改变着学生的思维方式、学习方式，提升了各种能力。同时，学生在真实情景中获取的知识、信息也不知不觉地内化到了自己的知识体系中。在观察和体验之后，学生通过各种形式来分享、展示感悟与收获，如讲故事、音频、绘画、照片、小报、采访过程的记录等，生动记录自己在行走中的点点滴滴、所思所悟。

## 五、点拨与提示

SEEK 课程主张学生走出校园，走进社会，走进大自然，在真实情景中体验成长，提升综合学习力和核心素养，塑造多元价值观、多样世界观、多重人生观。SEEK 课程在具体操作与实施过程中，需注意以下几点。

一是形式多样。通过多样的形式丰富活动内容,使其具有趣味性、延展性,更能吸引学生,以全面促进学生综合素养的提升。

二是评价导向。学生在行走过程中表现的能力是综合性、多方面的,学校应以激励性的、多元的标准进行评价。

三是资源利用。学校要善于整合资源,为学生提供更多选择、更多参与、更多场景的课程,追求课程的多样化。

(创意单位:郑州市金水区未来小学　撰稿人:柳莉萍　周丽军　王若楠　保睿)

## 创意设计 4

SEED 课程：基于真实情景的项目学习

SEED 课程是基于真实情景的项目学习，由真实情景、体验平台、自主探究、设计物化四个要素组成。围绕跨学科知识、真实体验、课内外融合、及时反思评价四个部分进行课程设计与开发。跨学科知识即将各个学科知识导入实践活动中；真实体验是一个情感触动并且生成意义的过程；课内

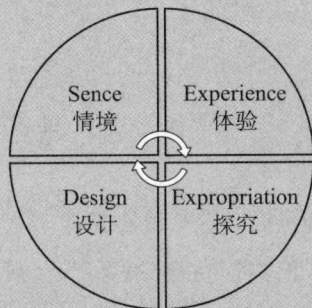

SEED 课程要素结构图

外融合即鼓励学生走出校园；及时反思评价即在活动过程各环节有针对性地及时总结和反思，交流讨论与评价。本课程将学生的学习生活和社会生活联系起来，强调学生要主动参与并亲身经历实践过程。以项目学习为基础、从真实情景和体验中得到活动主题，通过自主探究和创意设计的方式解决问题的实践过程。

郑州市第七十一中学以"面朝大海,春暖花开"为办学理念,致力于打造一所尊敬温暖的现代化学校。近年来,我们秉承"自教育"哲学,围绕"豁达,明智,简单,隽雅"的育人目标,不断优化"自觉选择,自我培养,自由发展"的人才成长平台。近年来,学校先后荣获了"全国青少年科技推广示范学校""河南省创客教育试点学校""郑州市德育先进单位""郑州市创客教育示范学校"等荣誉称号。学校依据学情与校情研发综合实践活动课程,充分发挥综合实践活动在立德树人、深度学习、提升学生核心素养方面的重要作用。

**一、缘由与原型**

教育部 2017 年发布《中小学综合实践活动课程指导纲要》,强调以培养学生综合素质为导向。学校依据《中小学综合实践活动课程指导纲要》开发了基于真实情景的项目学习,即 SEED 课程。SEED 课程注重发展学生的核心素养,尤其是社会责任、实践能力和创新精神。

**(一)聚焦提升学生核心素养**

学校组建课程与教师发展中心,研究不同性别、体质、性格学生的课程学习实际特点和兴趣需求,探索多样化的课程开发、教学实施、质量评价方式,形成课程开发、教学实施、质量评价标准指南,完善科学可行的课程孵化。通过落实国家课程校本化、生本化方式,构建学生主动学习的"自能课堂",完善多激励、促转变的分层多样评价。

**(二)整合优势资源**

学校综合组根据教育部 2017 年 9 月发布的《中小学综合实践活动课程指导纲要》,结合我校创客教育特色,相继设计制作了《生活中工具的变化和创新》《3D 设计与打印的初步应用》等教育部推荐主题。

在开展设计制作类主题时,运用怎样的方式才能够让学生更加直观地发现驱动问题,增强学生在实践活动中的代入感? 我们注意到,在学校与绿城社工服务站等社会公益组织开展的一系列志愿者活动中,学生在社区志愿者的帮助下进行失聪人士生活体验,亲身感受到了残疾人生活的不便,他们根据自己的体验,通过自主探究和创意物化制作了无声门铃。我们将体验带入设计制作类主题,基于对于项目式学习(PBL)的探索,创设基于现实生活的真实情景,引导学生通过体验得出活动主题,并以自主探究和创意物化的方式解决问题的实践课程,于是便有了 SEED 课程。本课程以真实情景和体验为设计应用提供目标和方向,让学生有目的地学习和创新,使学生的创新精神落地,让创意物化更接地气,同时培养学生的社会责任感和实践能力。

## 二、创意与要素

"SEED"意思是种子,也是我们的课程理念:在学生心中种下社会责任、实践能力和创新精神的种子。基于真实情景的项目学习分别提取了 Scene(情境)、Experience(体验)、Exploration(探究)和 Design(设计)四个词的首字母。这四个单词也代表 SEED 课程的四个要素,以项目学习(PBL)为基础,从真实情景和体验中得到活动主题,通过自主探究和设计物化的方式解决问题的实践过程。本课程将学生的学习生活和社会生活联系起来,强调学生要主动参与并亲身经历实践过程。注重发展学生的核心素养,尤其是社会责任、实践能力和创新精神。

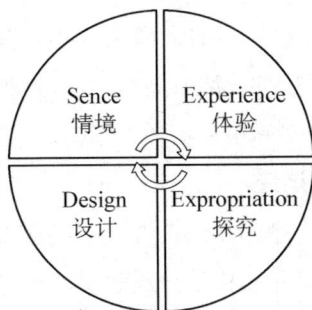

图 4-1　SEED 课程要素结构图

**(一) 真实情景**

从学生的发展需要出发,将学生学习生活和社会生活有机地联系起来,创设基于学生真实生活的情景,设计活动的目标与内容等。真实情景能够更好地让学生主动参与并经历实践过程,引导学生活动小组一体化自然互动衔接,带动学生自觉"成为豁达、明智、简单、隽雅的中学生"。

**(二) 体验平台**

当学生经历积极体验后,会对活动主题念念不忘。体验越深,理解得越深刻。这无论对于学生自己还是整个实践过程,都非常重要。从兴趣、创意制作等要素入手,开发学校周边社区相关资源,形成以社区志愿服务为引导的课程资源,为学生开展实践活动提供丰富优质平台。

**(三)自主探究**

SEED 课程是以项目学习为基础,从真实情景和体验中得到活动主题,通过自主探究和创意物化的方式解决问题的实践过程,在实践过程中引导学生自主探究,让学生融入实践活动,从而达到提高自身综合素养的最终要求。

**(四)设计物化**

学生通过自主探究和创意物化得到的成果,往往不能通过简单的打分或分等级进行评价,而是需要将成果回归现实生活,并在实际应用中进行研讨。通过活动小组内部的"烧脑"和活动小组之间的"头脑风暴",在完成相互评价的同时,对成果在实际应用中出现的问题进行修改。

**三、设计与开发**

捷克教育家夸美纽斯曾说:"一切知识都是从感官开始的。"SEED 课程强调实践活动主题源于学生在真实情景中的体验,以及在实践过程中综合运用各个学科知识来解决问题。所以在 SEED 课程实施中使用如下策略。

**(一)真实体验,融入实践过程**

从活动过程上看,体验是一个情感触动并且生成意义的过程。通过搭建基于生活的真实情景,让学生在实践活动中由内而外地感受活动主题,激发学生探索的热情,通过情景式学习,让生活真正成为我们的课堂,突破传统课堂的约束。

**(二)跨学科知识综合运用**

SEED 课程基于项目学习,以创设基于现实生活的真实情景为基础,将社会服务活动,考察探究活动和设计制作活动相结合。以自主探究和创意物化的方式将各个学科知识导入实践活动中。将学生的学习生活和社会生活联系起来并作为实践活动的中心,让学生有目的地学习和创新。

**(三)课内外相融合,突破教室界限**

学校综合组教师将之前进行过的活动主题,根据不同年级学生的特点进行二次开发,并将这些主题与学校和绿城社工服务站、南阳路社区科技站等单位开展的志愿者活动和社区科普展示等活动相融合。鼓励学生走出校园,给予学生更大的展示舞台。

**(四) 及时反思评价,注重核心素养**

在活动准备阶段、活动实施阶段,指导教师引导学生根据活动过程各环节的体验、经验和经历,有针对性地进行及时总结和反思,交流讨论与评价,把学生评价的过程性记录与小组成果展示相结合,促进学生综合素养的提升。

**四、操作与实施模式**

根据综合实践活动课程本身的特点,以及 SEED 课程的特色,将整个实践活动划分为不同的阶段,在每个阶段都有不同的活动目标和活动方式,主要可分为以下几种。

(一)搭建真实情景:教师在创设情景时注重联系学生的现实生活,在学生鲜活的日常生活环境中发现、挖掘学习情境的资源。只有在生活化的学习情境中,学生才能切实领会知识的价值。

(二)体验式实践:教师在指导中,鼓励学生走出教室,参与社会志愿者活动,在实践活动中,促进学生相关知识技能的学习,提升学生的实践能力,培养学生的社会责任感。

(三)探究式实践:这是在教师的指导下,学生通过项目学习等方式将从积极体验中得到的主题分解为研究项目,从而主动获取知识,分析并解决问题的实践活动过程。

(四)创意物化:这是学生通过运用各种技术和工具进行设计,并动手制作,将自己的创意设计转化为物品或作品来解决现实生活中遇到的问题的实践过程。它注重提高学生的技术意识、工程思维和动手操作能力。

**五、案例与分析**

以我校七年级开展的《生活需要创意》为例,搭建真实情景:学校与绿城社工服务站合作,为学生搭建一个现实的生活体验空间。体验式实践:学生在教师和社区志愿者的指导下,以小组形式,利用专业道具体验残疾人生活。学生戴上专业耳机进行失聪人士生活体验活动。探究式实践:学生发现当有人敲门的时候,失聪人士并不能及时察觉。于是,学生小组确定活动任务——无声门铃,并通过搜集资料、自主探究和创意物化方式完成任务。创意物化:学生小组利用 3D Builder 软件设计和建模,并使用 3D 打印机将小组的设计打印出来,利用开源硬件和编程实现门铃的功能。小组记录员以图片、视频和文字的方式记录整个实践过程。学生小组将成果带回到之前体验的情景中进行检测，并对检测中出现的问题进行修改。在最后设计发布会上，学生小组进行设计发布，并结合小组过程性材料进行活动总结。

## 六、点拨与提示

SEED 课程是基于真实情景的项目学习，注重发展学生的核心素养，尤其是社会责任、实践能力和创新精神，使学生在真实情景中体验成长。开展 SEED 课程，需注意以下几点：

一是本课程适用于设计制作类主题活动，课程内容主要源于学生实际生活。

二是在本课程实施的各个阶段都要进行反思评价，及时掌握学生实践活动的开展情况，以便及时对活动作出调整。

三是本课程涉及很多校外体验活动，要做好安全预案和学生安全教育。

课程是学生自我成长的基石和实现价值的载体。学生在经历、体验、探究、实践的过程中，有基础的提升、文化的熏陶、心灵的洗涤，这些引导他们到更为广阔的世界去翱翔、去发展，让课程成为学生发展的价值引导者。

（创意单位：郑州市第七十一中学　撰稿人：霍淇龙　王冰　张晨旭　吴帅）

# 创意设计 5

## MEET 课程：以资源为原点的行走式课程

MEET 课程由遇见、探究、体验、思考四大要素构成,以"资源"为原点进行充分准备,让学生在课程中最大可能地遇见自己、遇见自然、遇见社会。课程的开发和实施主要有"运用资源、合作探究、深度体验、应用提升"四个环节。"运用资源"即

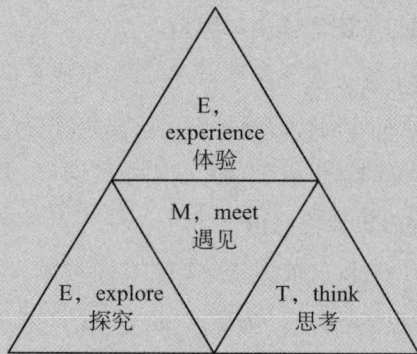

MEET 课程要素结构图

面向主体,让学生充分运用资源。"合作探究"即学生在行走中进行小组合作探究,寻求"真问题"解决过程的真实学习。"深度体验"源于"真问题",是多学科交叉问题,在学生逐步深入的体验中,整合学科进行分析理解、建构拓展。"应用提升"即学生在行走中不断地进行反思与思考,进而在全身心参与的过程中,发展和提高实践创新能力。MEET 课程从运用资源出发,学生不断遇见,逐步学会合作探究,进行深度体验,最终实现"遇万物,见生长"的累积效应。

郑州市金水区纬三路小学地处经七路 49 号,是一所有着 70 多年历史的公办小学。学校秉承"让生命温润美好"的办学理念,沿着润教育的办学思路,围绕"培养懂感恩、勤锻炼、爱探究、乐生活的纬三少年"这一育人目标,立足核心素养,带领教师倾力打造适合学生发展的综合实践活动课程,不断促进学校内涵发展,提升学校办学品位。在综合实践活动课程的实施中,学校不断整合课程资源,构建以资源为原点、满足学生多样化需求的 MEET 课程,以实现学校特色发展、教师专业发展、学生个性发展的和谐统一。

## 一、MEET 课程缘由与原型

课程是学校实现培养目标,促进学生成长的主要载体和基本途径。学校经过多年的建设,对原有的情智课程不断进行修改完善,并重新构建了"小水滴课程"体系,建设一个能满足不同学生成长及发展需求的课程,走出了颇具学校特色之路。

### (一) MEET 课程缘由

作为河南省综合实践活动课程建设样本学校,学校以教育部发布的《中小学综合实践活动课程指导纲要》为依据,从学生的真实生活和发展需要出发,在生活情境中发现问题,并将其转化为活动主题,通过探究、服务、制作、体验等方式,培养学生的综合素质。经过多年国家课程的校本化实施实践,学校综合实践活动课程的内容呈阶梯性提升。其中,"我的电影课""活力乒乓""绿色国防""童话王国的泥彩世界"等课程现已形成基本体系,能够遵循学生的学习规律,按学段有梯度性地实施,丰富学生成长经历。学校许多教师在某一学科或某一领域具有自身优势,60%的教师参加了基于项目的学习以及基于项目的表现性评价培训,并且具有一定的课程开发能力,为综合实践活动课程的开发提供了强大的师资力量,使学校综合实践活动课程建设焕发了生机和活力。

另外,学校家长知识层次较高,对于新生事物、前沿教育信息容易接受。学校毗邻省军区、省文联、省广电局等共建单位,怎样让家长和社区参与学校教育,成为可利用的课程资源,在综合实践活动课程实施中,结合学校品牌课程开展有深度的行走式学习,是学校在课程实施中亟需解决的问题。

**（二）MEET 课程原型**

学校的"厚重河南课程"是学校"小水滴课程"体系框架下的一门以全面转变教学方式为主旨的综合实践活动课程。为了对学生进行根性教育，学校开展了一系列与河南地理风物相关的课程，如：豫人、豫景、豫风、豫情等，带领学生深入了解家乡的自然风物、风土人情，把河南本土的厚重文化根植于心，激发学生爱家乡的情怀。

对于学生而言，怎样让河南的在地风物"活"起来，变得可触摸、有温度？通过什么样的渠道、借助什么样的介质让学生成为有根性的河南人呢？我们发现，正是一个个小家，我们身边可触及到的万物组成了我们共有的大家——河南。围绕"豫"（同"遇"）这一核心词，拓展与之相关的黄河、烩面、宇通客车、金水河、毛尖茶、炎黄二帝、豫剧、木版年画、二月河等，与河南历史、文化、经济、人物、饮食等方面的探究，以学生身边的资源为原点，在行走中进行研究性学习，建立连接家乡和世界的通道，从而对学生产生影响，做有根的国际视野下的中国公民，逐步具备适应全球的世界观念、国际眼光。

多年来，"厚重河南课程"围绕学生的核心素养，尝试运用多种资源，以问题为驱动，倡导学生合作探究，同学校的"达润研学"结合，开展真实的行走式课程，并定期开展成果分享会，促进学生综合素质的提升。在此基础上，MEET 课程应运而生。

**二、MEET 课程的命名与要素**

MEET 课程，即以遇见（Meet）、探究（Explore）、体验（Experience）和思考（Think）四种学习方式命名的课程。第一个字母"M"即为"Meeting"的缩写，译为遇见，包含："Meeting yourself"遇见自己，"Meeting nature"遇见自然，"Meeting society"遇见社会，而遇见又与"豫见"同音，引领学生身处河南的真实学习环境中，让万物入课程；第二个字母"E"即为"Explore"的缩写，译为探究，在课程中以学生实践为主的学习，更加关注学生作为学习主体的学习行为，学生在学科领域或现实生活中选择和确定主题，通过动手做、做中学，主动地发现问题，进行实验、操作、调查、收集与处理信息、表达与交流等探索活动，获得知识，培养能力，发展情感与态度，特别是发展探索精神与创新能力；第三个字母"E"即为"Experience"的缩写，译为体验，也是一种以学习者为中心的学习方式，体验式学习是学习者从阅读、听讲、研究、实践中获得知识或技能的过程，这一过程只有亲身体验才能最终有效地完成，就像生活中其他任何一种体验那样，是内在的，是个人在形体、情绪、知识上参与所得；最后一个字母"T"即为"Think"的缩写，译为思考,是思维的一种探索活动,在 MEET 课程中的思考更是在积极与创造的思维过程中提高学生的思考力,在实践过程中进行"体认""体悟",进而发展实践创新能力。

MEET 课程,可以更大可能地实现教学场所的空间转换,充分运用资源,引万物入课程;可以实现从独立学习到合作学习的转变,从间接知识学习变为直接知识的获得与应用;可以更多地让教学实现学科内的渗透整合,充分挖掘学科内在的逻辑、关联,使之更好地发挥学科核心素养育人的功能;可以实现学科间无边界的融合,在学科属性相通、学习规律以及学习方式相融的情况下,将不同学科的内容和活动等整合在一起,在学科融合中达成核心素养;甚至是实现超学科的消弭式整合,将学生的学习与其社会生活、实践打通,在实际生活情境下提升儿童发现问题、解决问题的综合实践创新能力。

图 5-1　MEET 课程要素结构图

### 三、MEET 课程的实施与操作

MEET 课程在实施过程中坚持教育与劳动技术、社会实践等相结合的原则,坚持开展真实学习的原则,根据实践的目的和学生的能力特点,不同的实践内容与活动方式,在操作中应遵循以下几点。

**(一)面向主体,运用资源**

立足儿童视角,从儿童的视野出发,让学生成为课程的主体。从学生的真实生活和发展需要出发,充分利用学校、场馆等有利资源,帮助学生在课程中得到"遇见"自我、社会、自然的真实体验,建立学习与真实生活的有机联系。从自家、大家、场馆、自然等要素入手,挖掘与"豫"相关的核心探究内容,尊重"传承",注重"文化自信",为学生开展探究活动提供核心的灵魂资源。

**(二) 合作探究,真实学习**

MEET 课程强调学生乐于探究、勤于动手和勇于实践,强调小组合作学习,注重学生在实践性学习活动中的体验与获得,超越单一的接受学习,关注学生内在的自主学习。综合开展主题式探究学习、参与式体验学习、研学式行走学习,实现多种学习方式的综合运用,在多样化的学习方式中,寻求真实问题的解决过程,在过程中逐步帮助学生提升综合实践能力。

**(三) 深度体验,整合学科**

源于现实生活的问题是一种多学科交叉问题,在 MEET 课程学习过程中,面对现实生活中的问题,学生在逐步深入的体验中,单一的学科知识与技能已经满足不了问题的解决,学生需要综合运用多种学科知识来理解和分析,在实践活动中实现知识的整合和建构、拓展和加深。

**(四) 点拨思考,应用提升**

学生在 MEET 课程的学习过程中,针对核心探究的问题进行解决,同时会不断生成新的问题,因而更需要多样的解决方法,这就是课程内涵的又一关键所在,引发学生的思考与反思,引导学生间有效的合作继续加强,使学生在全身心参与的过程中,发现、分析和解决问题,体验和感受生活,发展实践创新能力。

**四、MEET 课程的案例与分析**

MEET 课程立足儿童视野、回归儿童的生活世界,使得河南的万物皆可入课程,拓宽了课程的广度。MEET 课程以主题学习形式设计,以小组合作学习为主要的学习方式,使得学生在探究、体验的过程中更大可能地运用身边的资源,有效促进问题解决、交流协作、展示分享等。

按照 MEET 课程的操作要求,"豫见·家"是 MEET 课程中"遇见自己、遇见社会"板块的一个分支。在这一主题式课程中,"传承"一词才是"豫见·家"的核心所在。以"豫见·家"课程为例,其实施过程如下。

首先,在课堂上,在教师指导下,学生成立 5 人左右的活动小组,并对小组进行文化建设,强化团队合作意识;在组长核心人物的带领下,从学生的兴趣入手,借助家长资源、学校资源,寻找本组感兴趣的研究内容。

其次,活动小组通过思维导图分析并细化主题,问题来自小组成员,是学生在"遇见自我、遇见自然、遇见社会"的过程中真实发生的。使用"小组活动方案一览表",制定研究计划和小组分工计划,进行探究性学习。带着真问题进行探究,提供学生的主动学习动力。

活动小组的学生对"家风、家谱、家姓、家训、家教、传家宝"等内容开展合作探究:通过研究家族变迁史,知道自己"从哪里来";通过研究家里居住环境的变化,了解长辈的艰苦奋斗史;通过专访家人,从家人的成长故事中寻找家族变迁的故事;通过寻求家族传承的秘密,发扬优秀传统的力量,敢于直面自己的未来之路;通过设计未来之家,敢于直面未来,培养团队之间的合作精神。

这样真实的学习过程,需要小组有效地合作、教师适时适当地指导,才会体现更高的价值。

再次,在学生进行活动的实施过程中,产生新的问题,需要深度体验,单一的学科知识已经不能解决现实中的真问题。需要突破学科间的边界,将不同学科的内容和活动等整合在一起,在深度体验的过程中提升学生发现问题、解决问题的综合实践创新能力。在活动小组研究"家姓"这一主题的过程中,仅从资料查找已经满足不了学生的需求,学生又通过参观博物馆、自然古村落、姓氏发源地等场所,借力专家团队、家长义工等进行专题讲座、深度采访,寻根问祖,近距离地体会"传承"的力量。又如活动小组在研究"家风家教"这一主题的过程中,学生不仅观看学习了相关的影视资料、新闻报道,还专门到"文明家庭"中进行实地的考察、采访,还特别邀请家庭教育指导师进行主题讲座,通过这样深度的体验,运用语文、心理健康、数学等学科的知识整合,解决本组的研究内容。

最后,整个课程在学生合作探究、深度体验的过程中实施,处于主体地位的学生,运用 Pad 拍摄小组活动的精彩过程及有效信息,运用"爱剪辑"编辑成果,收集整理资料。小组成员坚持每次集体活动后撰写个人的所思所获,或活动趣事,或体验感悟……直至在成果展示阶段,结合本组的研究内容和活动的体验感悟,完成 PPT 演讲文稿、实物展示、研究报告撰写等成果,使本组的研究内容得以应用和提升。

在"豫见·家"主题研究中,学生在整个实践过程中运用了调查、专访、参观、考察、资料收集等行之有效的方法，针对研究内容进行了合作探究、深度体验，真切感受传承的力量。

尤为值得肯定的是，在课程评估方面，建立平时评价制度，注重过程性评价，通过"活动小组简介表"对小组文化建设进行评价；通过"观察员平时评价表"对各小组平时活动进行评价；通过"成果展示组间评价表"对各组的研究成果进行评价；通过"全年级研究性学习家长评价一览表"对各组研究成果予以评价。

### 五、MEET 课程点拨与提示

MEET 课程充分融合多元资源，以资源为原点，从学生的发展需要和真实生活出发，设计学生真正感兴趣且有价值的问题和活动主题，引导学生运用个人经验和各学科知识，展开系统探究、体验与实践，促使学生在行走中不断成长。在实施过程中，需要注意以下几方面：

一是要注重学生合作学习和探究能力的培养，在不同的项目活动中系统完成本组重点研究的内容，并进行深度反思；

二是要利用多元化的过程性评价，采取评价前置、以始为终的策略，时时督促 MEET 课程的有效开展；

三是要大胆尝试弥补学科教学中没有的新技术进行体验与探究，扩大学生与自我、自然、社会的"遇见"范围，充分运用资源，为学生创设更多的学习情景，解决真实的问题，提升综合实践能力。

MEET 课程的实施，不仅促进了教师教育方式的变革，更是让学生"遇万物·见生长"。

（创意单位：郑州市金水区纬三路小学　撰稿人：张丽红　马艳枝）

## 创意设计 6

## GUP 课程：实践导向的探索性学习

GUP 课程是聚焦生长的课程，由探究体验、联合多维、实践生成三大要素构成，按照"发现问题、探索学习、多维循证、回归实践"四个环节进行实施。发现问题，即学生参与活动，亲身体验发现问题的过程。探索学习，即活动中学生根据需要，运用科学的方法、技能、思维

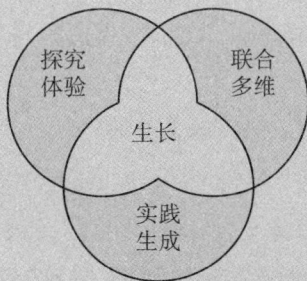

GUP 课程要素结构图

方式进行深度探究的过程。多维循证，即学生在活动中多角度、多维度对问题进行分析进而解决并建构知识的过程。回归实践，即学生通过交流展示对实践活动的回顾与反思的过程。GUP 课程是学生通过实践，联合知识、资源、人员等进行的探索学习，最终以实践充实知识，从而获得自身成长的课程。它是以联合学生经验、社会实际、社会需要，以探索为中心的学习历程。

郑州市金水区优胜路小学创建于 1950 年,是一所历史悠久、底蕴丰厚的学校,在不断发展中凝练并形成了"追求优质、勇为胜者"的学校文化,致力于"让每个孩子成为更加优秀的自己"。坚持教育是为了唤醒孩子的潜能,把人的禀赋尽可能地发展好,把人性的优秀品质在孩子身上实现出来,从而让每个孩子成长为更加优秀的自己。因此我们开发实施了 GUP 课程。

**一、缘由与原型**

综合实践活动课程以培养学生综合素质为导向,面向学生的个体生活、社会生活,注重主动实践和开放生成,成为新课程突破口,以其日益凸显的育人价值备受人们关注。

**(一)国家课程理念引领**

2017 年 9 月教育部再次发布《中小学综合实践活动课程指导纲要》,明确课程定位,强调课程意义,厘定课程目标,使学生能从个体生活、社会生活及与大自然的接触中获得丰富的实践经验,形成并逐步提升对自然、社会和自我之内在联系的整体认知,具有价值体认、责任担当、问题解决、创意物化等方面的意识和能力。基于此,我们将学科知识与现实生活相结合,将科学技能与人文思想相结合,将传统文化与实践创新相结合,开发了 GUP 课程。

**(二)学校文化整体体现**

学校基于"优教育"哲学,聚焦学生发展核心素养,构建了丰富、多元、开放的"大拇指课程"体系,形成了"优秀在这里生长"的课程理念。"生长"成为我校综合实践活动课程的核心触发点,于是,在实践与探索中聚焦"生长"的 GUP 课程应运而生。

**(三)课程的经验与实践**

《别开生面》是"大拇指课程"体系中的经典课程,它以中原腹地的农业产物——"面"为主题,让生活在城市中的孩子亲手种植小麦,观察麦子的生长过程,体会劳动的快乐,成长为一个懂生活的人;通过制作各种艺术面人面食,成长为一个会生活的人;通过参观面粉厂、寻找面人张等研学活动,感受面文化的博大精深,成长为一个爱生活的人。整个课程通过观测、实验、考察、制作、寻访、服务、写作等系列实践体验活动，综合运用各门学科知识，让学生感受生命成长的奥秘，探寻人们的生活方式，锻炼自身生活技能，体验城市生产与发展，培养学生成长与发展所需的综合素养。在不断的思考与提炼中，GUP 课程日见雏形。

## 二、创意与要素

综合实践活动课程强调以学生经验、社会实际、社会需要和问题为核心进行资源整合，以有效地培养和发展学生解决问题的能力、探究精神和综合实践能力为目的，所以 GUP 综合实践活动是以实践为导向的探索性学习。

### （一）GUP 课程的创意

"GUP"是"Grow Up"的缩写，有"生长、成长"的含义，这与我校"优秀在这里生长"的课程理念不谋而合，同时也体现了我们对综合实践活动课程育人目标的理解与定位。

教育即生长，是 20 世纪美国著名实用主义教育家 J·杜威关于教育本质的观点之一。他明确指出："教育即是生长，除它自身之外，并没有别的目的，我们如要度量学校教育的价值，要看它能否创造继续不断的生长欲望，能否供给方法，使这种欲望得以生长。"[①]"生长"是教育对象的"自主"生长。这种"生长"既有学生"身体"的生长，也有学生"心智"的生长。课程是基于学生生长的促进手段；是"有目的、有计划、有组织"地对学生的"能动"适应进行"积极的干预"。

"GUP"由 G-U-P 三个字母组成，分别蕴含不同的意义，"G"即 Grope（探索）、"U"即 Unite（联合）、"P"即 Practice（实践）。寓意为学生在实践过程中，结合资源、人员进行的研究性学习，从而提高综合运用所学知识解决实际问题的能力，促进自身成长的经历。

### （二）GUP 课程的构成要素

GUP 课程具有"探究体验""联合多维""实践生成"三大要素，从个体生活、社会生活及大自然的探索中，获得丰富的体验，与团队伙伴合作成长，综合运用各门学科知识分析解决实际问题，在综合实践中得到培养、延伸和提升，提高自身素养。（见图 6-1）

_____

① 罗肇鸿、王怀宁主编.资本主义大辞典.北京：人民出版社，1995：852.

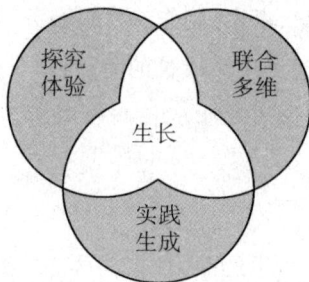

图 6-1  GUP 课程要素结构图

### 1. 探究体验

GUP 课程是基于学生自身兴趣,在教师的指导下,学生进行关于自然、社会和自身生活的探究体验活动。GUP 课程在实施中,重在唤醒主体的自我意识及情感体验,而不只是把联系学生的生活、贴近学生的生活视为理论联系实际的途径与手段。

GUP 课程更体现了教育的本质特点,即学习的方法、态度不是教出来的,而是在活动中探究与体验出来的。如果说探究是立足于物质世界,是为了把握客观事物的本质与规律,旨在"格物",那么,体验则是立足于精神世界,试图建构人与自然、人与社会的意义与价值,旨在"致知";如果说探究旨在求真,那么体验则在于求善,因而探究与体验是 GUP 课程完整的学习过程中不可或缺的两个方面。

### 2. 联合多维

GUP 课程在内容构成上呈现综合化,体现多学科联合。学生面对的"生活世界"是完整的、统一的,而学生所进入的"知识世界"则以分科为特征。"分科"课程固然有其"合理性",但最大的问题在于它割裂了本来是完整统一的"生活世界"。基于这一弊端,以综合化为特征的 GUP 课程自然就成为了焦点。

GUP 课程在资源运用中呈现多边化,体现多资源联合。大多以学生所面临的社会问题或生活问题为中心来编排内容,课程中学生需要学会联合身边资源、学校资源、社会资源进行学习实践。

GUP 课程在人员组成中呈现多样化,体现多能力联合。联合学习伙伴,组建团队,增强力量;懂得自己不只是一个个体,更要成长为社会一员;联合运用各门学科知识分析解决实际问题,使学科知识在综合实践中得到延伸、综合、提升。这样才能使学生获得对世界多维的理解,也才能更真实地了解现实世界。

GUP 课程在学习方式上呈现多类型、多路径联合。GUP 课程不是单一的接受学习,而是综合开展主题式项目学习、参与式体验学习、沉浸式感受学习、研学式行走学习,实现多种学习方式的联合运用。

3. 实践生成

GUP 课程注重让学生参与实践,在学生经验、社会实际和社会需要的基础上生成新的学习内容。GUP 课程注重在实践性学习活动中发现有价值的问题与获得真实的经验。它是动态开放性课程,强调从学生的生活经历和发展需要出发,选择并确定活动主题,鼓励学生根据实际需要,对活动过程进行调整和改进,实现活动目的。课程实施不以教材为主要载体,不是按照相对固定的内容体系进行教学。

GUP 课程的设计与实施注重让学生从书本中走出来,走向社会、走进生活,生成新的学习环境。课程的教育与活动场地不仅仅局限于学校,而是要深入家庭、社区、自然、社会等真实而开放的场景和场所中,让学生通过亲身参与,直接获取第一手资料,从而获得实践经验。

GUP 课程注重运用,在多种活动方式中生成新的学习技能。充分利用实验观察、考察寻访、角色扮演、职业体验、创意制作等多种实践性学习活动,使学生掌握参与日常生活、经济发展、政治决策、公众对话等活动所需的知识、技能与态度,使其真实地感受身为家庭、社会和自然一员所应承担的责任。

### 三、GUP 课程的操作与实施

GUP 课程基于课程的三要素,遵循学生的实践能力发展规律,依据实践的目的和学生的能力特点,对于不同的实践内容,本课程从以下几个环节进行实施。

### (一)亲历实践,发现问题

GUP 课程从学生的真实生活和发展需要出发,有目的、有重点地引导学生观察社会、观察生活,发掘、捕捉具有研究意义、社会热点、符合身心发展规律的生活难点的问题。通过问题归类,引导学生发现问题的焦点,明确实质,形成共识,从而发现问题并自主选择主题,主动参与并亲身经历实践过程,体验并践行价值信念。在实践过程中,学生可根据活动的变化及实际需要,对活动目标及内容、组织与方法、过程与步骤等作出相应的调整,从而使活动不断地深化。

**(二) 分工合作, 探索学习**

GUP 课程引导学生遵循个人意愿及主题需要, 在整合身边学习资源的同时, 进行小组合作, 充分发挥每一个人的专长及聪明才智, 激励学生踊跃承担活动任务, 从而提高活动效率, 促进自身及他人的成长。

**(三) 学科融合, 多维循证**

学生探究的任何一个来自生活中的问题, 都不是单一的学科知识问题, 需要运用多学科知识来解决。GUP 课程打破学科界限, 进行学科融合, 将各个学科知识融入综合实践活动中, 让学生进行多元性、综合性的学习, 满足自身成长需求。

**(四) 回归实践, 交流展示**

GUP 课程的特征与目标决定了课程的展示形式, 富有童趣的研究活动、灵动的个性智慧、独特的创造才能、纯真的生活本色是体现课程个性、本色的重要部分。学生在多样的展示形式中得到提高与成长。

GUP 课程类型的划分是相对的。在活动设计时可以有所侧重, 以某种方式为主兼顾其他方式, 也可以整合方式实施, 使不同活动要素彼此渗透、融会贯通。鼓励师生充分发挥信息技术对于各类活动的支持作用, 有效促进问题解决、交流协作、成果展示与分享等。

**四、案例与分析**

依据课程理念, 学校已建构了一系列的 GUP 综合实践活动课程, 下面就以《别开生面》课程为例进行分析。

**(一) 亲身经历, 发现问题**

综合实践活动是关注学生直接经验的课程, 它鼓励学生通过自己经历, 发现值得研究的问题。《别开生面》课程就是在学生讨论家乡美食时, 发现身边的美食多以面食为主而开展的课程。活动中, 学生将眼、手、口、脚、耳、心融为一体, 对"面"进行多方面的研究, 从而全方位地解开"面"的秘密, 不断发现"面"的内涵和外延, 开启创新模式, 启动对未来的创造。

**(二) 分工合作, 探索学习**

为了让学生更有效地研究"面", 活动分为"面的由来""面的艺术""面食文化""制作面食"四个环节, 学生通过种植、观察、欣赏、制作、创新, 在体会实践快乐的同时, 掌握了与人沟通的技巧,促进人格的健全发展,提升自身生活能力,从而成长为一个有道德、会学习、爱生活的人。

**（三）学科融合,多维循证**

《别开生面》课程紧紧抓住了词语中的"面"字,学生通过观察不同时期和不同状态的"面",融合各学科所学的知识,解决活动中出现的困难及问题,比如:

语文:《名人笔下的面——〈一碗荞麦面〉》

数学:《农田的面积、出苗率》

美术:《小麦的生长》(素描、卡通、漫画、摄影等)

劳动:《我是小厨师》

品德与生活:《南北面食大不同》

科学:《唾液中淀粉酶对面的消化作用,面为什么会爆炸?》

将"面"立体化,使课程走向"跨界学习""主题研究""艺术统整",以促进多种学科认知的大融合,提升学生的综合实践素质。

**（四）回归实践,交流展示**

活动中,学生运用多种形式,展示所搜集的"面"文化,体会中华传统文化的魅力,分享种植技巧,感受种植快乐,品尝自己动手制作的面食,懂得感恩与责任,共同体验关于面艺术的非物质文化遗产,从而体验"面"在现代社会中的发展,感受面的演变过程,体会人类顽强拼搏的精神。

**五、点拨与提示**

由于 GUP 课程是首先提供一种环境或背景,使学生对此背景中的问题产生兴趣,然后让学生对问题加以探讨,进一步设法解决问题。在讨论的过程中,由于学生的知识与背景不同,产生的问题与想出的解决方式不同,很难完全控制所有的教学内容,所以 GUP 课程的进行不应该限制教学内容,若排出紧凑的细目可能会适得其反,规定得太严格便失去了让学生主动学习探究知识的机会。欲使 GUP 成为有活力的、可行的课程,必须能够在整体的架构下符合地方性、实际性需要,并且使其本身具有充分的弹性和空间。

（创意单位：郑州市金水区优胜路小学　撰稿人：魏一　李然　张敏）

**创意设计 7**

## READ 课程：以万物为资源的探索性学习

READ 课程由"万物为资源、实践与体验、探索与发现、行动与改进"四大要素构成，按照"资源切入，确定主题""实践体验，积极参与""探索发现，自主建构""行动改进，实践应用"四个环节来开发和实施课程。"资源切入，确定主题"，即从生活中挖掘课程资源，确定活动主

READ 课程要素结构图

题；"实践体验，积极参与"，即学生积极参与到活动中去，用心体验和感受；"探索发现，自主建构"，即学生能够主动获取新知，自主建构认知体系；"行动改进，实践应用"，即学生能将获得的知识、方法、经验、能力内化于心，外化于行。READ 课程以万物为课程资源，让学生在实践中体验，在探索中发现，在行动中改进，主动建构，获得认知世界的方法。

郑州市金水区工人第一新村小学以"让每一个生命美丽绽放"为办学理念,践行"工善其事,知行合一"的校训,在积极的实践探索中,致力于追求最适宜工一师生成长的教育环境,努力打造一所令师生向往的行知乐探园,让学校里的每个生命都得到发展、自信快乐、成就美好。基于以上理念和美好愿景,我校开展了丰富多彩的综合实践活动课程,如:《鼎立中原》《舌尖上的河南》等,在此基础上,我校打造了以万物为资源的探索性学习课程——READ课程。

**一、READ 课程缘由与原型**

随着课程改革的深入实施,综合实践活动课程越来越受到关注,已成为课程改革新的生长点。学校自实施综合实践活动课程以来,深挖生活之美,精工教学之实,唤醒学生之思,努力打造一个自主选择、实践探索、自我建构的探索性学习的课程结构,达到知行合一的效果。

**(一)国家课程的校本化实施**

让每一位学生健康、快乐、有尊严、有个性地成长,是学校课程建设的追求。自2012年起,学校围绕课程建设开展课题研究,整体架构丰富多元的学校课程体系,满足学生的个性需求,也成就了学校的特色发展,基本构建出"美之约课程"体系,形成了以下特点:

重体验探究、重主体参与,在真实的学习情境中探究、体验、感悟、分享;重学科融合,打破学科界限,组建学习共同体,整合课程资源、注重内在连接;重自我建构,用思辨的学习方式鼓励学生主动发现、获得新知、建构完善自我的知识体系、思维方式,实现自我能力的提升和发展。

**(二)学校综合实践活动课程的实施**

《鼎立中原》作为 READ 课程的原型和代表,是我们秉承陶行知先生"社会即学校,生活即教育"的主张,从生活中挖掘课程资源而开发的课程。《鼎立中原》课程是学校"美之约课程"体系中研学课程的内容,学生认识了自然之鼎、功用之鼎、艺术之鼎、文化之鼎,学生通过寻鼎、问鼎、知鼎、绘鼎、制鼎等系列活动,深入我们生活的城市,解读城市密码,感受文化传承,植入家国情怀。

鼎系列课程的实施引发我们深层次的思考:商城遗址公园里矗立的鼎距离我们如此之近,多年来却没有引起大家的注意,"鼎"身上蕴含的中华民族所独有的文化被断代、被冷落,只是沉寂无声地站立。是课程让鼎文化得以复活,得以有了更多的理解、认同和传承。放眼我们所生活的城市,有很多类似鼎文化的符号及在地风貌不为人知,比如郑州的交通、美食、武术、河洛文化等,这些丰富的资源承载着城市的历史、经济和文化,但并没有组成文化的血脉,大家知之甚少,还等待着我们去发现、挖掘。

"天地阅读室,万物皆书卷",每一件"物"都是一本厚厚的书,要引导孩子们用读的方式去了解物的名称、特征、由来、用途,通过查阅资料、寻访体验、研学考察、质疑思辨等方式感受物质世界的文化关联,感知生活中的各种道理,生发洞察大千世界的灵感,让阅读成为认识世界的一种方式。由此,READ 课程应运而生。

## 二、READ 课程命名与创意

"READ"一词由 resource 资源、experience 体验、action 行动、discovery 探索这四个英文单词的首字母组成,寓意学生通过阅读各种资源,即读人、读物、读世界,在实践体验中发现问题、提出问题,通过探索解决问题,获得新知,并能进行自我建构,将获得的知识、方法、经验、能力内化于心,外化于行。

READ 课程秉持"以万物为资源"和"探索式学习"的基本理念,以学生为主体,从阅读生活资源入手,引导学生学会运用所学知识和技能进行探索,在实践和体验中发现问题、解决问题,促使学生在"读中学""做中学""思中学""创中学",持续发展学生对事物的阅读能力、理解能力、实践能力、探究能力和创造能力。

## 三、READ 课程要素与操作

READ 课程是在教师引导下,学生自主进行的综合性学习活动,是学生基于自身经验,密切联系生活和社会实际,在自主探索后进行自我建构并外化于行的实践性课程。基于以上认识,READ 课程的要素阐述如下。

### (一) READ 课程的四大要素

READ 课程由"万物为资源""实践与体验""探索与发现""行动与改进"四大要素构成,也是我们课程的内容,四大要素结构图如图 7-1。

图 7-1　READ 课程要素结构图

1. 万物为资源

钟启泉先生把综合实践活动诠释为："一言以蔽之，就是超越了传统的课程教学制度——学科、课堂、评分的束缚，使学生置于活生生的现实（乃至虚拟的）学习环境之中，综合地习得现实社会及未来世界所需要的种种知识、能力、态度的一种课程。"①READ 课程注重结合地域特色，以身边万物为资源，就地取材，挖掘课程素材，让学生能够把自己放进"郑州地域文化"中去研究。

2. 实践与体验

READ 课程超越书本学习，鼓励学生在阅读生活、阅读社会后提出问题，并深入各个领域，开展实践、体验等学习活动。主张学生走出课堂，走向社会，积极参与，亲身实践，体验成长。

3. 探索与发现

小学阶段，是学生开始探索知识、认知自我、探索社会、探索整个外部世界的阶段。探索就是用思辨的学习方式，主动发现问题、提出问题。经历探索，学生的眼界才能够拓宽。在阅读、观察、思考、辩论的过程中探求和发现未知世界，自主建构完善的知识结构。

4. 行动与改进

READ 课程不但重视学生在活动过程中的体验和感悟，更重视指导学生正确认识

---

① 谢泽源，李建.综合实践活动课程校本化开发的几点思考[J].江西教育科研，2007:9.

活动结果,在每个主题活动后都认真地进行分析和总结,让每一个活动结果变成一个教育因素,将每次活动所得外化于行,在实践应用中成长。

**(二) READ 课程操作模式**

1. 资源切入,确定主题

爱因斯坦说过:"提出一个问题往往比解决一个问题更重要。"确定活动主题是综合实践活动得以开展的前提,综合实践活动的许多活动主题就源于学生生活。READ课程就是要从生活中挖掘课程资源,引导学生留心观察周围的生活,善于发现生活中的不同,提出问题,确定活动主题。

2. 实践体验,积极参与

《中小学综合实践活动课程指导纲要》指出:引导学生获得丰富的经验和参与实践的积极体验是综合实践课程的总目标之一。[①] READ 课程强调学生的亲身体验,要求学生积极参与到活动中去,体验和感受生活。学生参与综合实践活动的过程就是一种体验的过程,经历是一种体验,获得的经验也是一种体验。只有积极参与,才能获得独特体验。

3. 探索发现,自主建构

READ课程始终以培养学生的自主探究能力为目标,学生根据提出的问题开展调查、分析、探索等一系列活动,有所得、有所悟,自主探究能力得到发展,能够主动获取新知,自主建构完善的知识体系,形成对自然社会和自我的整体认识。

4. 行动改进,实践应用

READ课程是从学生的真实生活和发展需要出发的。学生在综合实践活动中经历了探索、发现和体验的过程,在建构知识体系和思维方式的同时,培养了社会责任感,提高了创新能力和实践能力。学生在生活中能将获得的新知、方法、经验、能力外化于行,灵活运用,从而提升综合素质,促进生命成长。

**四、Read 课程案例与分析**

《鼎立中原》案例与分析

在古时,鼎是立国定都的神圣重器,国家权力的庄严象征,礼乐文化的审美徽章。

---

① 丁华英.小学综合实践因素分析可行教学指导策略[J].才智,2015:18.

相传大禹铸九鼎,定天下,立中原。3 000 多年历史中,郑州作为国家的都城,是当时中华文明的政治和经济中心,鼎文化资源丰富,历史烙印清晰、深刻,集唯一性、代表性、历史性于一身。

《鼎立中原》课程深入挖掘"鼎文化"的人文美、艺术美、技艺美。通过师生共同质疑、共同思考、共同实践,探寻鼎的前世今生和未来,打开智慧之门,实现共同成长,同时将代表中华民族精神的鼎文化发扬光大。

**(一)《鼎立中原》课程的操作**

《鼎立中原》课程分为人文、科学、艺术、游学四大板块的内容,学生先通过阅读鼎的相关资料来了解鼎,然后再探索鼎的前世、今生,探索鼎的造型结构,探索鼎的文化特色,从而了解鼎时期乃至青铜器时期的历史文化变迁,了解"鼎立中原"的由来,了解家乡——郑州的历史文化。具体操作如下:

1. 资源切入,确定主题

学校紧邻商城遗址公园,紫荆山公园、人民公园、孔庙,周边还有河南省博物院,有着得天独厚的鼎文化素材。结合我校已有的书法课程、魅力素描课程、科幻画课程和陶艺课程特色,这些课程都为"探究鼎""描绘鼎""猜想鼎"提供了条件,打下了基础。鼎作为中原文化的象征,具有唯一性,因此师生共同确定了《鼎立中原》主题课程。

2. 实践体验,积极参与

师生共同设计"鼎揭秘"学习单,来到商城遗址公园,亲身体验、积极参与、小组合作共同研究鼎的外形、表面的纹饰、文字特点,并对鼎上的文字和纹饰进行收集和整理,探究鼎造型的变化;组织学生到河南省博物院请专业讲解员为我们介绍鼎、解析鼎,感知鼎的魅力。

3. 探索发现,自主建构

走出教室,学生切身走近鼎,测算鼎的尺寸大小,实地了解鼎的外形,感受鼎文化。在真实的感知之后,同学们会发现新的问题,他们会再次走进博物院,从博物院的介绍中收集更多素材和依据,进一步感受鼎的发展变迁。伴随着历史的发展,社会的进步,鼎的传统职能正在逐渐被取代。鼎的今生侧重于发掘探索,在 21 世纪的今天,鼎的职能被哪些新兴事物所取代,鼎的传统职能会被哪些新事物所取代,鼎文化是否还有被继承下来的必要? 这是孩子们想深入探究的一个主题。

通过问思辨的学习方式，学生能够主动发现问题、提出问题，并通过探索获得新知，进行知识的自主建构。

4. 行动改进，实践应用

学生对鼎的文化知识进行归纳整理，大胆设想未来鼎的功能会有什么样的变化，绘制一个新时代的鼎，并动手制作陶艺鼎。在制作鼎的过程中，学生由刚开始照着网上搜集的图样模仿着制作，到后来能够结合时代元素和符号进行创新，制作新时代的鼎，学生的创新能力和动手实践能力都得到了提升，对新时代的鼎也有了一些认识和思考。

**(二)《鼎立中原》课程的评价**

在课程评价方面，建立日常评价制度，关注学生活动过程中的形成性评价，关注学生活动中的参与情况。通过制定"活动小组评价表"，从"课前准备、参与态度、参与程度、阶段成果展示"四方面进行评价。

综合评价主要通过问卷和成果展示，对学生的感知力、思维力、协作力、表达力、行动力进行评价，评出"阅鼎之星""绘鼎能手""仿鼎专家"等优秀奖项，并将优秀学习成果在校内展出。

**五、点拨与提示**

Read课程需要学生具备一定的阅读能力、理解能力、思考能力、表达能力、探究能力、运用能力等，所以该课程适宜在四至六年级开展，能够更好地促进学生能力的提升和发展。

在课程实施中探究学习单的设计很重要，它是"任务驱动"和"目标计划"的深化和发展，探究学习单的设计、使用、反馈，都直接影响着活动的成效以及活动目标的达成情况。因此，在设计探究单时要特别注意其内容应该是渐进的、系列的，探究单上的任务应该是具体的、可操作的，才能发挥它最大的效能。

综上所述，READ课程是一种生活态度、一种思维方式、一种生命历程，它将学生置于一种自主选择、主动探索、注重问题解决并能够进行自我建构的学习状态，注重学生的亲身体验，真正把教育的重心放在培养学生的个性健全、实践能力和探索精神上，致力于培养出一个个乐于阅读、善于探究、勇于创新、崇真尚美的追梦人。

（创意学校：郑州市金水区工人第一新村小学　撰稿人：孙冬梅　张悦）

## 创意设计 8

## STORY 课程：以探究学习为中心的开放性课程

STORY 课程由融合、真实、开放、研究、亲历五大要素构成，围绕"方法储备、主题确定、深度探究、发展评价"几个环节开发实施。方法储备即开放的学习方式——学习方法的建构，主题确定即真实的生活情景——探究主题的确定，深度探究即深度整合——跨

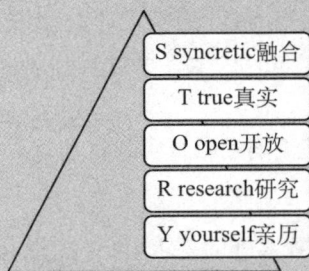

STORY 课程要素模型

学科整合，发展评价即关注自身能力——发展性的评价。STORY 课程秉持着"以探究学习为中心的开放性的学习"理念，从真实生活情境中发现问题，设计以探究学习为中心的主题活动，综合运用多学科的知识，开展系统的探究体验活动，学生在活动中学习，体验感悟，获得关于自我、社会、自然的真实体验，建立学习与生活的有机联系。

郑州市金水区沙口路小学是一所有着近 60 年历史的公办学校。学校在"让每一朵花儿都芬芳绽放"的办学理念引领下,以芬芳育人环境的打造、芬芳课程的建构、芬芳活动的实施为抓手,努力让每一个进入沙口路小学的孩子都能绽放属于自己的生命光彩,绽放属于自己独有的芬芳。课程作为育人的载体,作为学校品牌的核心竞争力,需要建构丰富、多元的综合实践课程体系。

**一、缘由与原型**

学校依据教育部发布的《中小学综合实践活动课程指导纲要》开启了新课程改革的探索之路,学校依据自身的特色,分析学校的实际情况,建构符合校情的综合实践活动课程。

**(一)基于国家综合实践活动课程的意义**

2017 年 9 月教育部发布的《中小学综合实践活动课程指导纲要》具体明晰了综合实践活动课程实施的要求,再一次强调、明确了综合实践课程培养的目标:以培养学生综合素质为导向,面向全体学生,组织学生走进生活、社会主动探索、实践研究。可以说,综合实践活动课程承担着深化课程改革及提升学生核心素养的要求。

**(二)基于学校综合实践活动课程的实践**

综合实践活动课程强调以培养学生综合素质为导向,面向全体学生,组织学生走进生活、社会主动探索、实践研究,从这个意义上讲,综合实践活动课程承担着深化课程改革及提升学生核心素养的要求。

学校的"'芬芳'故事"课程是在学校课程体系框架下的探索。依托着学校周边的资源,以及学校自身的教育资源,结合学校的生情、校情、周边环境特点,学校相继开展了《探寻"芬芳"校史轨迹》《探寻郑州地铁史》等系列课程。经过实践,STORY 课程诞生了。

**二、创意与命名**

"STORY"一词的本义是故事,也指楼层。"STORY"一词包含着我们对本课程的定位,学生通过不断的探究学习,以实现层层的进步和提升。S 代表"syncretic",即融

合；T 代表"true"，即真实；O 代表"open"，即开放；R 代表"research"，即研究；Y 代表
"yourself，即亲历。寓意着学生通过借助资源，应用多种学习方式开展以探究学习为
中心的开放性的学习。

### 三、要素与实施

STORY 课程秉持着"以探究学习为中心的开放性的学习"的理念。从真实生活
情境中发现问题，设计以探究学习为中心的主题活动，综合运用多学科的知识，通过多
种活动方式，开展系统的探究体验，在活动中学习，学生亲身经历，获得关于自我、社
会、自然的真实体验，建立学习与生活的有机联系。

STORY 课程由五大要素构成，以探究学习为中心，注重学生开放性的学习，通过
跨学科的整合，亲身的探究体验，多元的评价，为提升学生的综合素养奠基。

### （一）STORY 课程的要素

STORY 课程五大构成要素是：融合、真实、开放、研究、亲历。要素模型如图
8-1。

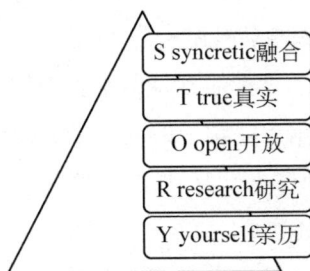

图 8-1　STORY 课程要素模型

S：代表"syncretic"，即融合。本课程与各学科课程内容进行整合、与生活实际相
结合，相互联系、渗透、延伸，深化学科内容，深化生活体验。

T：代表"true"，即真实。以学生为主体，从学生的真实生活和发展需求出发，设
计以学生为中心的活动内容。

O：代表"open"，即开放。学习的过程、学习的资源、学习的主题是开放的。鼓励
学生从自身的兴趣出发，选择活动主题，主动参与并亲身经历实践过程，体验并践行价
值信念。

R：代表"research"，即研究。通过一次次愉悦的课程之旅，发现一个个美妙的故事，结合一次次有趣的发现进行总结分析，研究其价值规律。

Y：代表"yourself，即亲历。学生身体力行地参与到 STORY 课程中，获得属于自己的独特体验。

**（二）STORY 课程的实施**

STORY 课程的学习活动是从真实生活情境中发现问题，设计以探究学习为中心的主题活动，学生综合运用多学科的知识获得独特体验，提升学生的创新精神和实践能力。STORY 课程是以学习方法为切入点的，通过多种学习方法的习得，为学生进行深度的探究奠基，从而进行开放式的探究活动，具体实施如下。

1. 开放的学习——学习方法的建构

实践体验是任何学业成绩都无法替代的，STORY 课程采用开放的学习方式，让学生通过寻访、调查、研究等开放的学习，采用多种方式自主探究，在实践中激发内需，获得学习的个性化体验。在实践活动过程中，教师利用真实的场景指导学生的学习，将传统的课堂变大、变活、变新。

2. 真实的情景——探究主题的确定

STORY 课程通过学生在真实的生活情景中发现问题，基于发现的问题确定探究的主题，进行深度的探究。学生将思维、知识、行动、文字和情感表达等有机地结合在一起，进行有意义的、综合性的深度学习，从而促进核心素养的整体提升。

3. 跨学科整合——深度的探究

STORY 课程并非完全独立于学科课程和学生现有的学习课堂，而是多种资源的融合。一是突破学科课程，通过利用资源开展跨学科整合，使实践主题更鲜明、学习内容更丰富；二是突破教材，通过丰富课程资源，建构学习模块，增强学习内容的生动性和感染力，丰富学习体验；三是突破课堂，为学生创设参观、调查场景，教师利用真实的场景指导学生的探究学习，促使学生进行更有深度的探究。

4. 关注自身能力——发展性的评价

STORY 课程的评价重视发展性的评价。STORY 课程的学生评价以关注学生自身能力为指向，以发展性评价为方式，以过程性材料、行为表现、作品与成果等为载体，通过观察、访谈、成果展示等形式检验和评价学生的素养养成情况。

## 四、案例与分析

在 STORY 课程理念的引领下，学校构建了一系列校本化综合实践活动课程，如《探寻"芬芳"校史轨迹》《探寻郑州地铁史》《有趣的甲骨文》等。这里主要以《探寻"芬芳"校史轨迹》为例，具体阐述 STORY 课程的要素与操作过程。

《探寻"芬芳"校史轨迹》课程分为"走进学校历史""探寻学校历史"等活动。它是一门培养开放性思维和协作精神的课程。

在"探寻学校历史"的活动中，首先是学习方法先行，为学生储备一系列的研究方法，引导学生学会融合，以促使学生学会研究。我们为学生设计了一系列的研究方法指导课。首先，通过了解调查研究的方法，使学生有兴趣参与到社会实践调查之中，选取其中常用的调查问卷、采访、摄影等方法进行详细的学习。我们有选择性地着重指导学生设计调查问卷、采访技巧、摄影技巧，为学生在探寻学校历史活动中，进行深入的探究提供多样的方法，为学生进行开放性的学习奠定基础。

在"探寻学校历史"的活动中，学生通过对校园的观察，通过对社区居民的采访，发现了校园的前世和今生有着很大的区别，提出了各种各样的问题。通过对学生问题归类后，大家一致决定进行"探寻沙口前世"主题研究活动。

确定主题后，小组根据主题，经过一系列的探访活动，并经过激烈的探讨提出了许多的问题，如：学校在 1965 年时为什么叫"油脂化工厂联合子弟学校"？学校是什么时候改名为"郑州市金水区沙口路小学"的，为什么改名字呢？学校在 1965 年时是什么样子的？学校经历了几次改建？等等。根据学生们提出的问题，进行归类整理后，最终确定了重点探究课题。学生们根据自己的兴趣特长，自由选择研究的课题，依据学生们的选择成立课题研究小组，分为以下三个研究小组：名字的起源组（对学校名字变化的时间、原因进行探究）、校园建设组（对学校经历的几次改扩建、改扩建前后学校的变化及原因进行探究）、社情研究组（对学生、家长、社区人民对现在学校的认识，校园建设带来学习生活变化进行探究）。

课题小组成立后，在教师的指导下，各个小组根据小组的研究内容和目的等制定出切实可行的活动方案。在小组长的带领下，根据本组课题的需要及每个组员自己的特长，组内进行了合理的分工。善于沟通的学生就进行采访工作；问题意识强的学生负责设计调查问卷和采访方案；善于总结的学生就对调查问卷进行分析、整理；摄影水平高的学生就走进校园的各个角落进行拍照和视频的录制;写作能力好的学生就对研究活动进行整理、总结,形成属于小组特色的研究报告。

在深度探究上,放手让学生在校园里进行调查、采访等活动;走出校园到各个小区进行采访退休教师、学校毕业生、社区居民等活动。学生的亲历活动,为研究提供了真实的体验,学生从而能扎实地进行研究,为研究的结论提供了保障,自主开展真实、开放的探究活动。

在多样的探究活动后,学生先自我评价,通过"我行我秀",展示自己在活动中取得的照片、资料、影视等各种成果,邀请学生和老师们评选出"芬芳之星""未来之星""摄影之星""研究之星"等奖项。然后每个小组通过静态和动态相结合的形式在班级进行分享交流,通过影视展、研究报告汇报、芬芳校园展等多种形式展示小组的研究成果。最后邀请评审团对每个组的展示进行评选,评选出"最佳小组""最佳成果"等奖项。

在这一系列的实践活动中,学生们收获是满满的。他们充分调动了自己的思维,学会了用发散性的思维思考问题、发现问题,学会用开放的学习方式去解决问题;同时,在活动中,学生的沟通、协调等综合能力得到了提高,学生的综合素养也在一次次的活动中得以提升。

## 五、点拨与提示

STORY 课程以学生为主体,自主探寻,合作研究,学生在一次次智慧的碰撞中,总结收获,获得成长。在具体操作与实施过程中,需注意以下几点。

一是注意活动的多样性和趣味性。合理组织安排活动,丰富学生的活动体验,增强探究活动的多样性、趣味性,吸引学生进行探究;二是充分利用学校周边资源。学校要善于整合资源,为学生探究提供资源保障;三是注重发展评价。以发展性评价为方式,以过程性材料、行为表现、作品与成果等为载体,通过观察、访谈、成果展示等形式检验和评价学生的素养养成情况,完成多重数据全方位评价学生的学习活动。

(创意单位:郑州市金水区沙口路小学    撰稿人:宋小娟    朱思远    刘凌霄)

# 创意设计 9

## 4C 课程：指向学生关键能力的探究性学习

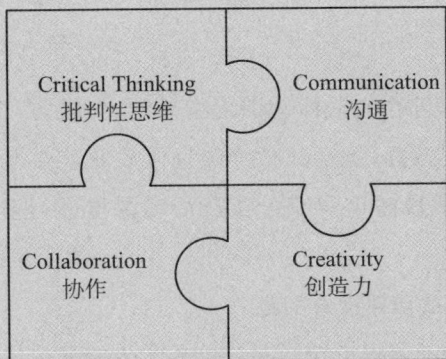

Critical Thinking 批判性思维

Communication 沟通

Collaboration 协作

Creativity 创造力

4C 课程要素结构图

4C 课程直指学生四种关键能力即"4C"能力，由 Critical Thinking（批判性思维）、Communication（沟通）、Collaboration（协作）、Creativity（创造力）四大要素构成。"4C"能力的培养是通过"探寻""探访""探索"三个不同层次的"探"来落实的。"探寻"通过寻找、发现、观察，侧重提升学生的批判性思维；"探访"通过寻访、搜集、研究，侧重提升学生的沟通与协作能力；"探索"通过设计、实施、创新，侧重提升学生的创造力。4C 课程的开发和实施都直指学生关键能力的发展，并遵循学生认知发展的规律和自我发展的意愿，在不断深化的"三探"中实现学生四种关键能力的提升。

郑州市金水区黄河路第二小学位于绿城郑州中心,周围学府林立,校园环境优美,文化底蕴深厚,是一所有特色的公办学校。学校以"绿色教育"哲学为魂,秉承"让每一个生命尽情舒展"的办学理念,继续深化学校"在这里,自由呼吸"的课程理念,致力于培养"会参与,负责任;会学习,乐思考;会生活,有情趣"的黄二绿色少年。

为达到学校育人目标,培养学生未来必须具备的 4C 能力,立足于综合实践活动课程本质,学校倾力打造具有学校及城市特色的指向学生关键能力的探究性综合实践活动课程——4C 课程。

**一、缘由与原型**

2017 年 9 月《中小学综合实践活动课程指导纲要》颁布,规定综合实践活动是必修课程,与学科课程并列设置,是基础教育课程体系的重要组成部分。因此,在学校"绿色教育"的引领下,学校注重对综合实践活动课程进行多方位多角度的开发与实施。

**(一)加强综合实践活动课程的实施**

《中小学综合实践活动课程指导纲要》指出,学生能从个体生活、社会生活及与大自然的接触中获得丰富的实践经验,形成并逐步提升对自然、社会和自我之内在联系的整体认识。并强调学生综合运用各学科知识,认识、分析和解决现实问题,提升综合素质,着力发展核心素养。[①]

这和学校提出的培养学生的关键能力不谋而合,因此,学校的 4C 课程以尊重学生的个性差异与需求为核心,以学生的身心发展状况为依据,以培养学生核心素养为目标,为学生成长提供有层次、多选择、跨学科、能融通的绿色课程。

**(二)立足于学校学生为本的绿色教育**

立足于学校"绿色教育"的哲学,遵循儿童认知发展的规律,致力于培养"会参与,负责任;会学习,乐思考;会生活,有情趣"的绿色少年,并以培养具有批判性思维、沟通

---

① 教育部.中小学综合实践活动课程指导纲要[S].北京:北京师范大学出版社,2017:3.

协作能力、创造力的儿童为目标,充分给予儿童自由生长的空间,追求生命成长的动态平衡,激发学生的内在因素全面而主动地可持续性发展。因此,学校鼎力打造以培养学生关键能力为目标的 4C 课程。

4C 课程通过逐步深入的探究性学习,丰富学生的学习方式和成长经历,拓宽学生学习视野和活动范围,弥补现有课程体系对学生关键能力关注的不足,帮助学生在发现、思考、探究、实践、创新中发展关键能力。

基于以上两方面,学校自主研发了注重培养当代学生应具备的关键能力的"探绿之旅"综合实践活动课程。4C 课程就是在"探绿之旅"课程的基础上进行了总结、提升与延伸,但 4C 课程更侧重于课程的开发与创意,用一个课程带动众多课程,让全校师生都来进行关注、参与、研究 4C 课程,从而使学生关键能力落地生根。在金水区课程品质提升项目的引领下,与学校文化积淀和办学追求相匹配的、指向学生关键能力的探究性学习的 4C 课程应运而生。

**二、命名与要素**

21 世纪,教育界普遍认为在如今扁平化的信息时代,今天的学生要想适应全球化社会,就必须是沟通者、合作者、思想者和创新者。因此 4C 能力是未来人才培养的关键目标。4C 指 Critical Thinking(批判性思维)、Communication(沟通)、Collaboration(协作)、Creativity(创造力)。

Critical Thinking(批判性思维)指学生的独立性思维,是对事物、知识、现象等的识别、分析和评估的过程。

Communication(沟通)指学生通过口头或书面等表达方式传达信息,以求观点达成一致和感情的通畅。

Collaboration(协作)指学生在学习过程中的协调与配合,其实质就是多个学习者对同一问题用多种不同观点进行观察、比较、分析、综合等。

Creativity(创造力)指学生用自己未使用过的方法解决问题,其实质就是思想的自我发展和更新。

4C 课程就是指向学生关键能力即 4C 能力的探究性学习课程。

如图 9-1 所示,四种关键能力既是独立的,又是相互关联,相互影响的。批判性思维是创造力的关键,沟通是协作的前提,思维要转化成创造力,就要依靠沟通协作来

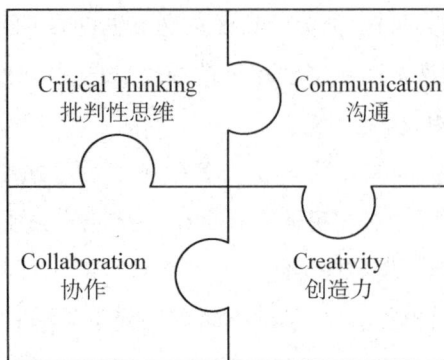

图 9-1  4C 课程要素结构图

实现。

### 三、操作与实施

"4C"能力的培养是通过"探寻""探访""探索"三个不同层次的"探"来落实的。"探寻"通过寻找、发现、观察,提升学生批判性思维;"探访"通过寻访、搜集、研究,提升学生沟通与协作能力;"探索"通过设计、实施、创新,提升学生创造力。"三探"既遵循学生的认知发展规律,又扩大了学生视野,拓展学习范围;既培养学生的独立性思维,又提高学生的沟通协作能力。

4C 课程以"探寻""探访""探索"为课程横轴,依据每个年级学生的年龄和认知特点,选择学生感兴趣的主题进行探究性学习。先从探寻开始,观察、发现并认识,在了解、识别的基础上探访,寻访、搜集并研究,在探访的基础上探索,设计、实施并创新。课程又以学校、社区、城市、祖国、世界为课程纵轴,每个年级每个学生都会循着学校——家庭——社会的足迹,扩大探究范围,增进探究深度。在横轴与纵轴的交互中,提升学生的四种关键能力。

具体操作从以下五方面开展。

### (一)问题引领,发展思维

4C 课程通过激发学生提出问题,从而形成学习主题。每一主题学习的层次不仅在年龄上顺应学生的发展,在认知思维上也遵循学生的发展。能够提出问题且善于提出问题是批判性思维的起点。因此,每一主题的学习都从培养学生会提问,善提问开始。学习过程中教师关注的是学生提了什么问题，而不是学了什么知识。在提出疑问之后，能够用有说服力的论证和推理给出解释和判断，这是批判性思维发展的关键。教师关注学生搜集、获取了什么证据，注重分析推理的过程而不是问题的答案。由此，借助多样的主题内容，学生的认知由浅入深地发展，批判性思维螺旋上升。

**（二）学科融合，加强协作**

作为跨学科的综合实践活动课程，4C 课程的开发注重学科间的融合。一是"突破学科，协同教学"。课堂教学打破一堂课一个教师一讲到底的模式，由多学科教师组成教学团队，融合各学科教学资源。二是"突破教材，主题教学"。多学科教师组建学习团队，通过整合学科内容，确定课程教学主题，丰富学习内容。

合作成功的关键不在于学生的智力因素，而在于积极的合作意识、和谐的合作关系、良好的合作能力。因此，在相应的主题学习中，一是注重学生学习团队的建设，让学生找到团队归属感，加强责任感，进而增强合作积极性，加强组内优势互补和有效的协作。二是注重学习活动中小组内部问题的处理指导，让学生带着尊重与宽容与人沟通，化解争执，达成统一。

**（三）依托主题，勇于创造**

课程的学习以学生感兴趣的问题为抓手，以主题活动为主要方式，让学生在探究性学习的过程中逐步深入，成为"发现者""研究者""创造者"。

4C 课程依托具体的主题学习活动，引导学生在自主探究的学习过程中，通过提取信息、分析信息与利用信息，逐步形成批判性思维，通过设计方案，沟通合作进而解决问题，最终形成创造性的优化方案，形成创新意识。在主题活动实践中，教师要充分肯定学生的创新想法，并为其创意提供支持，促使学生运用获得的信息和技术进行大胆的创意制作，提升动手创造力。

**（四）评价多元，提升能力**

遵循发展化、多元化、个性化的原则，4C 课程关注学生"4C"能力的培养，采用观察记录评价：一是教师对学生课堂表现出的态度、思维、行为的观察记录，意在了解学生思维发展上的变化；二是小组对组员参与讨论的积极性、活动贡献的力量、任务完成情况的观察记录，意在了解学生沟通协作能力的发展情况。

课程还采用作品评价，教师、学生、家长和学习活动相关人员对学生完成的设计、制作的作品和活动档案袋进行交流和评价,作品评价最能反映学生的创新意识和创新能力。

在学习结束后,进行描述性评价,即通过对研究报告和学习历程及成果的个性化呈现的评价,结合观察记录表对学生"思辨能力""沟通能力""合作能力""创造能力"给予评价。

4C 课程的评价将过程性评价与终结性评价相结合,学生自我评价与家长评价相结合,以评价促发展,培养学生适应终身发展和未来社会发展的必备品格和关键能力。

**(五)发挥优势,丰富资源**

课程资源的重要价值在于为学生关键能力的培养提供了多种机会、条件和途径。4C 课程资源开发不应只局限于教材的突破和学科的融合。资源的开发与利用应考虑学习内容与学生现实生活的融合,与学校文化积淀和办学追求相匹配。所以要充分利用各方优势资源,如校内资源、校外基地、家长资源、社区资源、周边地域资源、城市资源等。

经历了"三探"的探究性学习,学生对主题的认识由小到大,由浅入深,思维发展也不断深化;对主题的应用由学到用,由仿到创,创造力也得到最大限度的发挥。

**四、案例与分析**

4C 课程是以"探绿之旅"课程为原型的、指向学生关键能力的探究性学习。基于对学生四种关键能力培养的"探绿之旅"课程,让学生在开放的空间中享受丰富的教育资源,体验多样的学习方式,在实践情境中,使学生学会思考和判断、沟通与合作、发现与表达、规划与创造,增强"爱绿护绿"的意识,提升"爱绿护绿"的技能,并最终提升学生的关键能力。

**(一)"探绿之旅"以"探寻绿""探访绿""探索绿"为轴,开展一系列探绿活动**

"探寻绿"通过寻找、发现、观察绿植,侧重培养学生的批判性思维。"探寻绿"以校园植物为辐射,呈梯级递进,由绿色学校到绿色社区再到"绿城"郑州。学生通过寻找、观察、发现,提出感兴趣的问题,形成一系列的主题活动,如:探绿校园之常绿乔木、观赏性植物、食用性植物;探绿社区之简单自在的绿萝吊兰、家庭多肉植物;探绿郑州之观赏月季公园、参观河南毒品基地等。

"探访绿"通过寻访、搜集、研究绿植,侧重于培养学生的沟通与协作能力。在主题活动中,学生依据兴趣形成学习小组,并邀请各学科老师或社会上专业人士作为自己小组的指导老师。小组合作寻访常见树木的栽培方法、养护技巧,搜集相关植物的医用、历史、园林观赏的价值,记录其习性、文化、花语。小组沟通交流后用画植物、画地图、画手抄报,写文章、写诗歌、写日记,做名片、做美食、做记录袋等方式展示植物的独特个性。

"探索绿"通过种植、养护、创造绿色,侧重培养学生的创造力。在专业老师的指导下,小组进行植物的种植养护,完成植物成长日记和自己的种植心情日记,合作展示植物的生长状况。开展"我给绿城献良策"活动,学生通过调查、搜集、探访绿城郑州绿色植物的种植养护现状,小组合作完成《保护绿城,我给绿城献良策》的建议书,送达环保等部门。开展争做"护绿小卫士"活动,用自己喜欢的方式,如制作爱绿、护绿小卡片,举办护绿签名活动等,向市民宣传护绿常识。邀请校园师生、社区居民、城市绿化单位共同护绿。学生在体验、探究中学会并实践植绿、护绿、育绿的基本方法,从而提高学生的各项创造能力。

**(二)"探绿之旅"课程资源的开发与利用要因时而变,因地制宜**

课程资源开发按四季更迭而变化。春季学播种,食春芽,挖野菜,踏春寻绿;夏季摘瓜果,赏荷花,打水仗,乘夏玩绿;秋季赏秋叶,做标本,去写生,赏秋留绿;冬季学水培,试剪枝,逛花市,临冬创绿。课程充分利用地域优势资源:一是充分利用校内资源,如地面绿化、楼顶绿化、室内绿化以及社团种植基地;二是充分调动家庭社区资源,如家养绿植、社区绿化;三是充分挖掘学校周边资源,如人民公园、月季公园的绿色资源,周边单位和校外基地的场地资源;四是充分开发绿城郑州的特色资源,如黄河滩湿地、北龙湖湿地、绿博园、郑州之林等。

**(三)"探绿之旅"课程评价采用多种方式进行**

观察记录评价:教师对学生在日常表现出的情感、态度、能力、行为进行观察,并做记录;描述性评价:对学生搜集、整理、分析资料的能力,与人合作完成学习任务的能力进行评价;对作品评价:学生对通过调查、访问、收集资料等活动产生的作品进行展示和交流,师生共同进行评价。活动结束,依据过程性评价和阶段性评价,从"思辨能力""沟通能力""合作能力""创造能力"四个方面评选出优秀学生,授予其"探绿小博士"称号。

4C 课程的实施既是教师教学方式的创新，也是学生学习方式的改革。学校会在此课程引领下，通过"三探"方式扎实培养学生以 4C 为核心的关键能力。

**五、点拨与提示**

4C 课程通过探究性学习让学生的关键能力得到提升，"三探"的方式让实施更有抓手，为保证实施效果，在实施中需要提示以下几点。

（一）实施年级灵活。可以分作低、中、高三个段，在低年级实施侧重"探寻"，在中年级实施侧重"探访"，在高年级实施侧重"探索"。也可以在同一个年级分阶段、分层次实施三个方面的内容。

（二）评价方式多元。过程性评价要灵活多样，以评价促进学生继续探究的愿望，让学生从各个方面提高自己的关键能力，并结合阶段性评价，让学生获得学习的成就感，养成探究学习的习惯。

（三）资源利用多样。充分利用周围地域资源，公园、博物馆、大学、社区等都可以成为探究性学习的资源；充分挖掘家长资源，各行各业中专业人员都可以成为探究性学习的指导者。充分发挥各社会服务类单位的资源，地震局、气象局、消防队、林业局、水利局等都可以成为探究性学习的场地。

（创意单位：郑州市金水区黄河路第二小学　撰稿人：白秀彩　李方　王焕）

## 创意设计 10

### I SEE 课程：以资源为导向的探究性学习

I SEE 课程是以资源为导向的探究性学习，由资源甄选、主体参与、问题探寻、真知洞见四大要素构成，以"我实践、我探索、我提升"为主要环节进行课程的实施与操作。"我实践"即以学生为中心，引出问题，开展实践。"我探索"即学生的直接经验

I SEE 课程四要素关系图

和间接经验的交融、统一，实现意义建构。"我提升"即成果展示促成长。像这种以资源为导向，基于专题，把学生作为活动主体，综合运用多学科知识，在实践中探究、在探究中成长的学习就是以资源为导向的探究性学习。

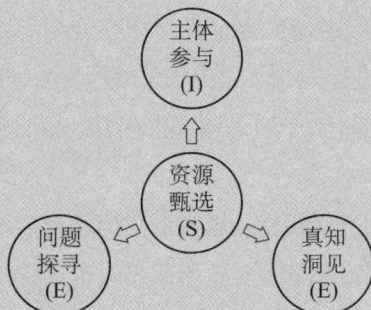

郑州市金水区农科路小学国基校区是一所校风淳朴、治学严谨、开拓进取、蓬勃发展的学校。在"自由呼吸,鼓舞成长"的办学理念指导下,学校坚持"唤醒生命的美好"的课程理念,基于学校发展目标,追求学校文化高层次发展,最大限度地发挥课程整体的育人合力,以此进行课程整合,使课程为学生的个性发展提供更广的空间,为人才的成长提供更好的服务。课程整合的价值指向是提升学生的核心素养,让学生获得适应未来社会生活的关键能力和必备品格。

**一、课程缘由与原型**

综合实践活动课程是以综合性、实践性、活动性为特征的一门课程。它要求学生综合运用学到的各学科领域知识,亲自参加社会生活实践,在解决一个个具体、真实的社会生活问题中,学习如何提出问题、分析问题、解决问题,从而提高素养,为其终身发展打下基础。

**(一) 综合实践活动课程顺应时代发展的强音**

2001 年国家全面实施新课程改革,颁布了《基础教育课程改革纲要(试行)》,文中明确要求:全国从小学三年级到高中都要设置综合实践活动课程,并作为必修课。2017 年教育部再次发布《中小学综合实践活动课程指导纲要》,它不是简单强调规定或重复提要求,而是强调综合实践课程要以培养学生的综合素质为导向,要面向学生个体生活和社会情境组织学生主动实践,从这个意义上讲,当前的综合实践课程承担着深化课程改革的要求。可见,国家开设这门课程是时代的需要,更是历史发展的必然。

**(二) 落实国家课程校本化实施的需要**

课程是指学校为实现培养目标而选择的教育内容及其进程的总和。在学校"自由呼吸,鼓舞成长"的办学理念指导下,立足课程的统整与开发,提升学校课程品质,构建了"小精灵课程"体系,满足学生发展的需求。通过品质课程的实施唤醒孩子们的心灵,开启孩子们生命的旅程,让孩子们拥有美好的人生。

陶行知先生主张"生活即教育,社会即学校"。他认为,整个社会是生活的场所,亦即教育之场所。教师、家长、社会贤达、周边社区、企事业单位、各种场馆、风景名胜，都是学校可开发的资源，具备相应的教育功能，学校为达到特定的教育目标，必须对各种资源进行组织协调、选择汲取、有机整合，从而取得最大化的教育效果，达到预设的课程目标。

**（三）综合实践活动课程的实践需要**

学校综合实践学科借助周边资源，以"文化·探寻"课程为核心开展系列主题活动。学校周边具有价值的教育资源有河南省科技馆、河南省博物院、郑州市动物园、郑州市海洋馆、黄河博物馆、北龙湖湿地公园、花园口景观区、大河村遗址、花卉市场、水产品批发市场、黄河模型基地、国家知识产权创意园区、大河茶都等。立足以上资源，根据资源特点、地域特色、学生身心特点，让学生以主动学习者的姿态，亲临实地，通过寻访、社会考察、课题研究等形式引导学生在实践学习中获得积极体验和丰富经验，有效地实现自然、社会和自我内在联系的意义建构。例如：我们立足于大河村遗址博物馆及河南省博物院，在指导教师的引领下，收集文献资料、实地考察、体验、听专家讲解等一系列活动有序开展，使学生对史前文化遗存——彩陶艺术从无知到熟识，极大地丰富了学生的文化艺术知识。经过多年的实践，学校逐步形成了 I SEE 课程。

**二、I SEE 课程的理念与要素**

"课程是实践的艺术"。I SEE 课程是学校依据美国著名课程理论专家施瓦布（Klaus Schwab）的"实践课程模式"、英国著名课程理论专家斯滕豪斯（LawrIncI StInhousI）的"过程模式"理论而开发的课程。课程强调其最终目的不是侧重于学生对知识概念的掌握和理解，而主要是为了使学生依托地域资源，走进社会，探究文化，发现问题，解决问题，从而促进学生学科核心素养的发展和性情的陶冶。

**（一）I SEE 课程的理念**

I SEE 课程力求基于专题，将人文、社会、生活、实践、创新等无痕融合，由"我（I）""看（SEE）"两个英文单词组成，意为"我实践""我探索""我提升"，其更深层意义则隐含着学校对该课程的理解。"I SEE"由"我（I）""资源（Society）""探寻（Exploration）""洞见（Einsicht）"四个核心词的英文单词的首字母组成。

"我（I）"意为课程是以学生为亲临实践、体验、学习的参与主体。

"资源（S）"意为学校开发的综合实践创意的立足点是结合学校周边的地域资源开

发课程。

"探寻(E)"意为通过学生实地考察,融合学生已有的各学科知识、经验、方法和思想,对现象和问题进行探究。

"洞见(E)"意为学生亲身经历了实地察看、场地观摩等,结合相关资源,针对提出的问题进行深度思考,进一步丰富和深化学生的认知,提升学生的学科素养。

I SEE 课程秉承"以资源为导向的探究性学习"的基本理念,以问题引发学生兴趣,使探究在真实情景中发生,重视学生的亲历体验,引导学生综合运用多学科知识,开展系列探究活动。该课程帮助教师和学生贴近自然、贴近生活、贴近学科,引领学生亲历问题产生、解决的过程,激发学生的问题意识,初步学会科学地解决问题的方法,发展良好的科学态度、创新精神、实践能力,形成良好的个性品质。

**(二) I SEE 课程的要素**

在综合实践活动中,一个活动项目的完成需要经历活动、体验和分享这三个阶段。三者在活动体系中因其地位的不同而发挥着独特的作用。具体表现为活动是学生综合素质形成和发展的基础,体验是学生综合素质发展的核心,分享是学生综合素质的协同发展和提高。I SEE 课程由资源甄选、主体参与、问题探寻、真知洞见四大要素构成。

资源甄选:该课程超越教材,向学生的生活领域和社会活动领域延伸,密切学生与自然、与社会、与生活的联系,根据学生身心特点、年龄特点来合理选定资源,依托资源进行实践活动。

主体参与:I SEE 课程坚持以学生为中心,以学生的主体实践为主线,在教师的引导下,从学生感兴趣的问题出发,设计活动安排,重视学生的亲身经历,让学习在真实的情境中发生,以实践活动促进主体的发展。

问题探寻:探究性是综合实践活动课程的基本属性,综合实践活动课程的教学内容不是既定的教材,活动主题和探究课题是学生面临的未知世界,对活动主题的探究和体验,要体现个人、社会、自然的内在联系,强化科技、艺术、道德等方面的内在整合,这些都需要学生通过亲历探究与实践去获得认知,形成自己的观点和结论。

洞见真知:在学习过程中,通过问题的提出、实践的寻访、资料的查阅、深度的思考与交流等,有效地培养和发展学生解决问题的能力、实践探究的能力,提高学生综合素养。Ｉ SEE 课程四要素关系图如图 10-1 所示。

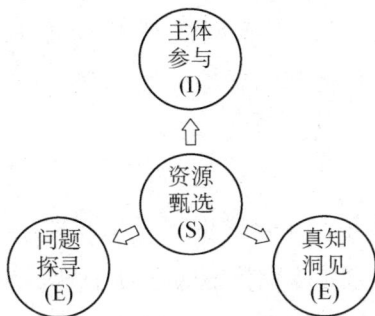

图 10-1　Ｉ SEE 课程四要素关系图

### 三、Ｉ SEE 课程的实施与操作

Ｉ SEE 课程是融合多学科、多维度的综合实践课程,遵循学生的实践能力发展规律,根据实践的目的和学生的能力特点,有效落实意义建构,提升素养。

**(一)资源甄选,定主题**

在教师的指导下,根据资源的文化要素,引导学生聚焦研究主题,提出体验的目标,确定考察并协商考察方案,为学习在实践中真实的发生、从实践中有所收获做好铺垫。

**(二)主体参与,我实践**

以学生为中心,在主题引领下,梳理问题、开展实践研究,注意活动实施要体现学生的主动性,注意研究方法的适切性、研究过程的科学性。在活动中不仅要促进学生情感、态度与价值观的发展、各种能力的提升,而且要能开阔视野、丰富生活。

**(三)问题探寻,我探索**

学生亲历的场馆性学习、实地参观学习,以社会实际和社会需要为核心,综合运用多学科的知识,围绕主题设计中的问题在做中学,使学生的直接经验和间接经验交融统一,进而进行深度思考、交流、批判、质疑,丰富学生认知,培养创新意识和创造能力。

**(四)真知洞见,我提升**

在以资源为导向的探究性学习过程中,成果分享是促使学生认识自然、社会,促进自我成长的重要手段。要引导学生学会交流、学会倾听、学会吸纳。生生之间、师生之间应展开对活动效果的评价,使课堂真正动起来。由于学生在整个实践活动中的感受、认识、体验、结果是多方面的,也是不尽相同的,所以成果展示出的内容应是丰富多元的。要使学生把自己在实践活动中的所思、所想、所作、所为以及获取的成果展示给他人,并参与评价他人的活动,起到取长补短,共同学习,激励探索的作用,在此同时,促使学生个人素养的进一步提高。

**四、案例分析**

大河茶都位于郑州市金水区花园路北段,与农科路小学国基校区仅一条马路之隔,大河茶都的三楼、四楼是周边人们休闲娱乐的好去处,一楼、二楼是琳琅满目的店铺,各店铺装潢都是古色古香的,经营范围也都以古董、茶叶、文化艺术品为主。学校五年级学生在开展"知我社区,爱我社区"的主题活动时就对大河茶都有过深入的了解,学生们对其中的茶文化充满了好奇。同时,随着人们生活品味的提升,饮茶也成为寻常百姓家庭生活的一部分,孩子们耳濡目染,对有关茶的品种、器具、技艺等充满浓厚的兴趣。于是,学校五年级学生的"中国茶文化"这一主题活动就诞生了。

聚焦主题:学校把《中国茶文化》作为五年级实施的活动主题,把大河茶都作为实践活动资源阵地。让学生感受中国茶文化的博大精深,激发学生对中华传统文化的热爱,感受茶文化的精髓,进一步弘扬祖国的茶文化。同学们围绕《中国茶文化》提出了各种问题,通过对这些问题的梳理归纳,总结出五个研究主题:1. 茶的生长环境及制作工序;2. 沏茶及品茶的方法;3. 茶的储存方法;4. 茶与健康;5. 茶的历史发展及有关茶的名人名篇。

开展实践:围绕五个研究主题进行实践活动,同学们运用各学科知识进行调查与探究,通过积极实践和亲身体验,积极发挥创新精神和实践能力。孩子们根据感兴趣的主题自由迅速地成立了研究小组,根据自己的特长进行合理分工,确保小组活动有序、持续地开展。

问题解决:在实践探究时,学生以小组合作的形式进行,同学们通过采访、实地考察、查阅资料等研究方法进行,在合作探究中解决出现的问题,体验了实践的乐趣,在同伴互助中,分享成功的快乐。

成果分享:在主题汇报阶段,同学们八仙过海,各显神通。在组内集思广益,共同梳理资料,选出丰富的内容,采用多种多样的汇报形式:PPT 汇报、情景剧、茶艺表演、自制视频等活泼有趣的展示形式。第一小组用图文并茂的形式向大家展示了茶的生长及制作,并用信息技术手段制作了精美的幻灯片。第二小组用现场表演的形式向大家展示沏茶与品茶的技艺。第三小组以实物展示的方式向大家进行了精彩的讲解。第四小组从健康与生活方面向大家娓娓道来。第五小组从美术的角度精心布置了展板,主题突出,内容充实,反映中国茶文化的悠久历史和文化底蕴,版面布局合理,整体美观,学生在交流互动中充满了喜悦感与成就感,增强其自信心,语言表达能力和表现力都得到极大的提高。最后由老师和各小组推选出来的评委对每个小组的展示进行投票,分别授予"最佳合作奖""最佳表演奖""最佳创意奖"等奖项。活动中,通过实践与研究、分工与合作、问题与解决、展示与交流等环节,将学生的主体地位体现得淋漓尽致。

### 五、温馨提示

综合实践活动课程强调学生亲身经历,获得实际的、发展性的体验;课程价值就是在该课程的实施过程之中;综合实践活动本身就是不断生成的,是教师和学生共同创生的课程。在实施过程中,应注意以下几个问题。

一是课程基于学生成长发展的要求,设计由长短期相结合的主题活动,使活动内容具有递进性。形成的活动主题序列由简单到复杂,使活动主题在学段之间达到有机衔接与联系并向纵深发展,不断丰富活动内容、拓展活动范围,促进学生综合素质的持续发展。

二是学生外出进行实地寻访学习时,因学生人数较多,安全会成为制约活动开展的重要因素。对于部分主题活动,教师可以利用家长的力量带领学生开展。同时,有些主题研究要与地域的时节及天气等因素结合起来(如:学生探究 24 节气时,紧密结合时令,依托郑州市北龙湖湿地公园的自然地域为场地而进行)。

(创意单位:郑州市金水区农科路小学国基校区    撰稿人:李淑玲    王向荣    刘青华)

## 创意设计 11

## PHD 课程： 基于问题的研究性学习

PHD课程由聚焦问题、系统研究、学术答辩、授予学位四大要素构成，以学术小问题的研究为起点，学生通过组建研究小组，在教师的指导下以多种方式进行系统实践研究，撰写学术小报告，进行学术答辩，最终授予通过答辩的小组所研究领域的"小博士"称号，通过这四个环节进行课程的实施。PHD课程旨在基于学术问题，以"研究者"的身份开展系统研究学习，培养问题意识、提高研究能力。

| | |
|---|---|
| 聚焦问题 | 系统研究 |
| 学术答辩 | 授予学位 |

PHD课程要素模型图

郑州市金水区文化路第一小学是一所有着近百年历史的六年制公办学校,学校位于郑州市文化核心区域,毗邻河南博物院等优势资源。学校围绕"以文化人,知行合一"之校训,践行"乐享教育"之哲学,在学校"乐享教育"核心文化统领下,扎实推进课程建设,构建了"乐享课程体系"。为了拓宽育人途径,充分发挥综合实践活动课程在立德树人中的重要作用,发展学生的必备品格、关键能力,我校开发了 PHD 课程。该课程打通了学生生活世界与研究世界的通道,通过探究、服务、制作、体验等方式,培养学生的综合素质。

**一、课程缘由与原型**

2017 年教育部再次发布《中小学综合实践活动课程指导纲要》,强调综合实践课程的育人功能,要以培养学生综合素质为导向,其在义务教育课程体系中的重要地位逐步凸显,承担着深化课程改革的要求,课程的创新对学校的发展有着战略意义。

**(一)缘于国家对综合实践活动课程的要求**

《中小学综合实践活动课程指导纲要》强调课程开发要面向学生的个体生活和社会生活,课程实施要注重学生的主动实践和开放生成,注重引导学生体认、践行社会主义核心价值观,培养学生的社会责任感、创新精神和实践能力。自此,学校多次进行综合实践课程规划的修订与完善,思考研发如何设计贴近学生生活与经验而又融合多学科内容的课程,培养问题意识,提高研究能力。课程创新设计迫在眉睫。

**(二)缘于学校课程的深度变革**

围绕培养"仁、礼、智、和、艺"于一体的文一少年的育人目标,我校于 2011 年 9 月开始进行课程的体系化探索。经过多年的实践,走出一条"文化统领,系统架构,多元共进,动态提升"的课程发展道路,构筑了"乐享课程"体系,共分为乐之言、乐之慧、乐之创、乐之韵、乐之善五大领域,通过"乐享课堂""乐享学科""乐享节日""乐享之旅""乐享仪式""乐享社团""项目学习"七大途径全面实施。

PHD 课程隶属乐之善课程领域,通过课程,培养学生的综合实践能力和创新能力,助推人与自然、人与社会和谐发展,全面提升学生的综合素养。

### （三）源自学校综合实践活动课程基础

2002 年,我校开始进行综合实践活动课程的探索与实施,先后进行了《商城文化》《茶文化的研究》《走进博物院》《魅力郑州》等多个主题的研究性学习活动课程。在活动中,学生们发现问题、提出问题,并在教师指导下,通过问卷调查、实地参观、考察等多种方式进行系统研究,解决问题,得出结论,撰写研究报告。其中,《走进博物院》和《魅力郑州》是两个品牌课程。《走进博物院》是 3—6 年级学生共同参与的长周期主题活动课程。它立足于学校周边环境与家长资源,依托河南省博物院教育基地,引导学生通过调查、形成问题、自主探究、形成结论报告,系统研究文物的历史价值与艺术价值。《魅力郑州》引导学生以丰富的城市资源为依托,围绕城市发展,从文化、经济、生活、交通等方面进行研究学习。它从学生的兴趣和真实研究问题出发,通过对城市历史、当下发展与展望的系统性研究学习,实现其能力提升和精神成长。

综合实践活动课程应不断创新学习方式,从学生的真实生活和发展需要出发,从生活情境中发现问题,通过系统性研究学习去解决问题,从而使学生形成理性思维、批判质疑和勇于探究的精神。由此,在学校综合实践活动课程实施的基础上,我们设计了 PHD 课程。

### 二、PHD 课程创意与命名

"Ph. D"(Philosophic Doctor),泛指学术研究型博士学位。我校的 PHD 课程是让学生通过研究性的学习方式,利用身边的社区资源,采用科学的研究方法和研究工具,围绕学术问题开展多学科融合的综合性学习,以"学术小问题"为起点,以"研究者"的身份开展实践活动,通过课程学习,培养问题意识、提高研究能力,成为"小博士"。

PHD 课程以"基于问题的研究性学习"为课程理念,以"走进历史""走在当下""走向未来"在时间广度定位上进行探索,隐含了对"培养怎样的人"的哲学思考。"走进历史",感知家乡、祖国的历史文明;"走在当下",探究当前我们对历史的传承和发展,了解当前家乡、祖国的科技、人文生态;"走向未来",畅想我们未来的发展蓝图。

### 三、PHD 课程要素与操作

PHD 课程由聚焦问题、系统研究、学术答辩、授予学位四大要素构成,以学术小问题的研究为起点,学生通过组建研究小组,在教师的指导下,以多种方式进行系统实践研究,撰写学术小报告,并进行学术答辩,最终授予通过答辩的小组所研究领域"小博士"称号。

**(一) 课程要素**

基于对 PHD 课程的理解与认识,我们对课程的实施进行了梳理、总结、提升,明确了课程的四大要素,即聚焦问题、系统研究、学术答辩、授予学位,并建构了 PHD 课程的要素模型,如图 11 - 1 所示。

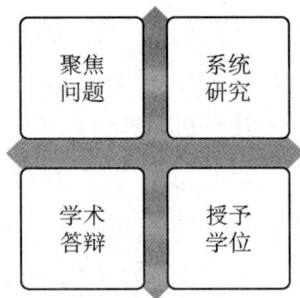

图 11 - 1　PHD 课程要素模型图

PHD 课程的四个要素是课程的核心内容,也是进行活动研究的四个模块,其内涵如下。

聚焦问题:PHD 课程以生为本,重视学生自身发展要求,尊重学生的自主选择,引导学生通过调查分析,从学习生活、社会生活或与大自然的接触中提炼出具有研究意义的、多层次的、真实的学术小问题。

系统研究:围绕学术小问题,教师指导学生通过调查、采访、讨论、测量、实验、设计等一系列研究过程,激发学生的探究热情,提升团队合作、质疑思辨、勇于创新等核心素养。

学术答辩:研究结束,在教师的指导下,各小组形成研究报告,进行答辩申请,初审合格后,由学科教师、家长代表和优秀学生代表组成评审小组,组织研究小组围绕研究报告进行答辩。

授予学位:通过学术答辩的小组,评审小组依据其研究领域,授予团队成员与其研究领域相对应的"小博士"称号。

## （二）实践操作

PHD课程是打破常规学科界限，基于问题的研究性学习的课程。PHD课程实施四个环节是：以学术小问题的研究为起点；学生组建研究小组，在教师的指导下以多种方式进行实践研究；撰写学术小报告，并进行学术答辩；最终授予通过答辩的小组其所研究领域"小博士"称号。

### 1. 以学术小问题的研究为起点

培养学生提出问题的能力是提高创新精神和创新能力的出发点，教师引导学生通过创设情境、调查分析等方式，从日常学习生活、社会生活中提炼出具有研究意义的、多层次的、真实的学术小问题，使学生获得关于自我、社会、自然的真实体验，建立学习与生活的有机联系。如《茶文化的研究》是我校五年级开展的活动课程。学生发现大部分的老师与家长喜欢喝茶，中国茶文化历史悠久，从而形成学术问题：中国茶文化的研究。教师再引导学生从茶的历史、茶的种类、茶的功效、茶的制作、茶艺、茶俗等方面进行细化，确定自主研究的子主题，确定研究内容。

### 2. 以多种方式进行实践研究

在具体的活动实施中，教师可以根据研究活动的需要，指导学生进行问卷调查、实验、实地观察等，在观察、记录和思考中，主动获取知识，分析并解决问题。如在《茶文化的研究》活动课程中，教师引导学生围绕学术小问题，指导学生通过文献法、问卷调查、实地考察、访谈等方法，进行深入研究。在研究过程中，教师会借助评价表对学生的研究过程进行评价。

### 3. 撰写学术小报告，进行学术答辩

研究结束，各研究小组进行过程性资料梳理，汇总研究成果，在教师的指导下，形成研究报告。报告形成后，各小组提交材料、进行答辩申请，由学科教师初审后，确定进入答辩的小组。学科教师、家长代表和优秀学生代表组成评审小组，在课堂上组织研究小组围绕研究报告进行答辩。

### 4. 授予通过答辩的小组所研究领域的"小博士"称号

依据答辩评审小组的综合评价结果，通过学术答辩的小组，评审小组依据其研究领域，授予团队成员相对应的"小博士"称号，如"历史小博士""艺术小博士"等。

PHD课程基于学术问题，以"研究者"的身份开展系统研究学习，培养学生的问题

意识、探究精神,以提高学生的研究能力。

### 四、PHD 课程案例与分析

学校不断完善综合实践课程规划,从时代要求、学生需求出发,形成了一系列以考察研究为主要活动方式的融合多学科内容的综合实践课程。下面以《走进博物院》课程系列之《探宝博物院》为例,具体阐释 PHD 课程的实践与操作。

《走进博物院》课程是在 3—6 年级实施的长周期主题研究活动课程,研究主题分别为《参观博物院》《探宝博物院》《导游博物院》《建言博物院》。其中,《探宝博物院》是在四年级上学期开展的课程。

#### (一)聚焦学术小问题

课堂上,教师提供河南博物院文物的影像资料,引导学生对有代表性的文物产生兴趣与疑问,如"莲鹤方壶"为什么是河南省博物院的镇馆之宝?"玉柄铁剑"为什么被称为中华第一剑……接着,教师引导学生对问题进行筛选、归纳、提炼,针对文物,确定学术小问题,如"莲鹤方壶"的前世今生? 它的艺术价值和历史价值? 由此,学生选择具体的研究对象,明确小组的研究内容。

#### (二)有指导的系统研究

在活动实施阶段,教师指导学生开展以下研究活动。

1. 制定小组研究活动实施方案。重点指导学生制定明确的活动目标,设计条理清晰、切实可行的研究过程。其中一个小组的活动方案如表 11-1 所示。

表 11-1　活动实施方案

| 研究对象 | 莲 鹤 方 壶 |
| --- | --- |
| 研究问题 | 1. 莲鹤方壶是在什么时间,在哪儿出土的?<br>2. 莲鹤方壶有什么历史价值、艺术价值和研究价值?<br>3. 莲鹤方壶为什么被称为镇馆之宝? |
| 活动目标 | 1. 通过研究,了解莲鹤方壶的相关知识。<br>2. 通过多种途径,全方位地研究莲鹤方壶,完成研究报告。<br>3. 通过研究莲鹤方壶,感受中国古代劳动人民的智慧。 |
| 研究方式 | 上网、采访、参观、查阅书籍 |
| 活动时间 | 9—12 月 |
| 活动地点 | 学校、家、图书馆、博物院 |

（续表）

| 研究对象 | 莲 鹤 方 壶 |
|---|---|
| 活动人员 | 王秋阳、姚一飞、申欣敏、韩政、郭欣怡、张泓泽、信皓元 |
| 研究过程 | 第一阶段：收集整理<br>小组成员分工合作，通过上网、采访、参观、查阅书籍等多种方式进行研究，并收集整理相关资料。<br>第二阶段：汇总结论<br>小组将收集到的资料进行汇总，并完成研究报告。<br>第三阶段：学术答辩<br>向评审组提交研究报告，进行申请与答辩。 |
| 预期成果及成果形式 | 研究报告 |

2. 查阅文献资料。指导学生从河南博物院文物书店和河南博物院官网，查阅所研究文物的相关信息，并指导学生整理文献资料，制作资料卡，便于最后撰写研究报告。其中一个小组的查阅文献资料卡如表 11 - 2 所示。

表 11 - 2　资料卡

| 研究问题 | 玉柄铁剑为什么被称为"中华第一剑"？ |
|---|---|
| 相关文献资料 | 玉柄铁剑制作精美，集铁、铜、玉三种材质于一体，是中国考古发掘出土的时代最早的一件人工冶铁制品。它的出土，将已知的中国人工冶铁的年代提前了近两个世纪，因此被誉为"中华第一剑"。 |
| 资料出处 | 《河南博物院参观导览——解说词汇编》 |

3. 指导学生学习《如何采访》。通过播放视频，让学生分析采访成功或者不成功的原因，总结出采访时要注意的事项：一是紧紧围绕采访目的进行提问；二是注意礼貌用语，学会与人沟通。其中一个小组的采访记录如表 11 - 3 所示。

表 11 - 3　采访记录表

| 采访时间 | 10 月 7 日 |
|---|---|
| 采访地点 | 文博广场 |
| 采访对象 | 普通市民 |
| 采访目的 | 调查郑州市普通市民对镇院之宝莲鹤方壶的了解情况 |

（续表）

| | |
|---|---|
| 采访过程 | 刘力源：阿姨好！您知道莲鹤方壶吗？<br>阿姨：哦，知道，莲鹤方壶可是河南博物院的镇院之宝啊。它 1923 年出土于新郑市李家楼村，是一个乡绅发现的。莲鹤方壶共有两个，另外一个馆藏于北京博物院。<br>刘力源：谢谢您的回答。<br>李俊杰：叔叔您好！您知道莲鹤方壶吗？<br>叔叔：对不起，不知道。<br>李俊杰：让我来告诉您吧。莲鹤方壶是河南出土文物的惊艳之作，是最具观赏价值的收藏品，是春秋时期众多青铜文物中最为精美的一件国之重宝，堪称春秋一代青铜工艺的佳作。它体现了黄河流域青铜时代文明的多姿与灿烂，揭示了青铜时代丰富的社会内涵，再现了华夏文明的古老与辉煌，所以被公认为河南博物院的"镇院之宝"。<br>叔叔：小朋友，你懂的可真多！<br>周博汛：姐姐您好！您知道莲鹤方壶吗？<br>姐姐：我只知道它是河南博物院的镇院之宝，别的就不了解了。<br>周博汛：希望您能抽空到河南博物院看一看，您的收获一定会很多。<br>姐姐：好的，我一定会去的，谢谢你！ |

4. 指导学生到河南博物院进行实地参观、采访。由于集体活动时学生太多，所以需要邀请家长志愿者作为辅导教师，协助教师完成活动任务。参观之前，教师先对家长志愿者进行简短培训，介绍参观流程及活动注意事项。学生按活动小组集合后，各位家长志愿者与各组学生见面，互相认识，强调活动纪律后，依次出发，前往博物院。到达博物院后，各小组根据提前设计的参观路线，在家长志愿者的带领下，进行参观和采访。最后，各组在约定的时间和地点集合。教师总结后，原路返回学校。在各位家长志愿者的指导下，各组学生文明参观，圆满完成了研究任务。

根据学生的能力水平及年级特征，进行系统的方法指导，可以使学生的研究更为深入，同时也使学生的能力水平得到不断提升。

**（三）围绕研究报告进行学术答辩**

各组的研究活动结束后，教师指导学生撰写研究报告。先通过分析范例，了解研究报告的一般格式及写作方法，然后在组长的带领下分工合作，共同完成研究报告。研究报告一般从"研究背景""研究内容""研究方式""研究过程""研究结论""研究反思""参考文献"几个方面来撰写。

各研究小组向评审组提交研究报告，进行答辩申请。初审通过的小组进行学术答辩。答辩评审小组一般由指导教师、家长代表及优秀学生代表共同组成。答辩分为"资格初审"和"现场答辩"两个环节：

1. 资格初审。各研究小组提交研究报告，进行答辩申报。评审小组对各小组的研究报告进行初审后，通过的小组方可进入现场答辩环节。

2. 现场答辩。教师指导学生先了解学术答辩的基本流程：小组自我介绍、小组研究陈述、导师提问、现场点评总结。接着，各组开始进行答辩。评审小组在小组代表对本组的研究情况陈述完毕之后，主要针对各组的研究过程及研究结论进行提问，比如：你们小组在研究过程中遇到了哪些困难？是怎样解决的？能不能具体谈一谈你们的某一条研究结论？小组成员依次答辩后，评审组作现场点评，并使用《学术答辩评价表》对每一位同学进行评价。

没有通过答辩的小组，再次准备后，可向评审组提出二次答辩申请。每个小组有两次答辩机会。

**（四）授予"小博士"称号**

现场答辩结束后，评审组对答辩结果进行评价汇总，最终确定通过答辩的学生名单，并在班级进行公布。通过答辩的学生被授予"历史小博士"称号，并颁发证书。

PHD课程打破了常规的学科界限，基于问题，指导学生运用合适的方法，进行深入的研究性学习。有一定难度和挑战性的学术答辩活动，激发了学生的学习主动性，"小博士"称号的授予更是对学生的学习有着深远的影响。

**五、温馨提示**

PHD课程重视学生基于问题进行系统的研究性学习，因此，在实施过程中，需要注意以下方面。

一是适度进行研究方法的指导。根据学生的能力水平及年级特征，进行系统的方法指导。

二是突出评价导向。坚持学生成长导向，通过对学生成长过程的观察、记录、分析，不断激发学生的潜能，更好地促进学生成长。

三是丰富活动方式。为学生提供亲身经历与现场体验的机会，让学生经历多样化的活动方式，促进学生积极参与活动过程，在现场考察、设计制作、实验探究、社会服务等活动中发现和解决问题，体验和感受学习与生活之间的联系。

四是充分利用资源。整合学校资源，合理利用社会、社区资源，充分利用家长资源，拓宽学习场域。

基于问题的研究性学习,改变了教育方式,让学生走出课堂,走进生活,提出问题,在合作研究中解决问题、锻炼能力、收获成长。PHD 课程的实施,是探索的过程,是培养开放性思维的过程,让学生在合作中研究问题,追求真理,从而超越自我,提升学习品质。

(创意单位:郑州市金水区文化路第一小学　撰稿人:刘海荣　邢青云)

# 创意设计 12

## LIGHT 课程： 以学习为中心的跨学科课程

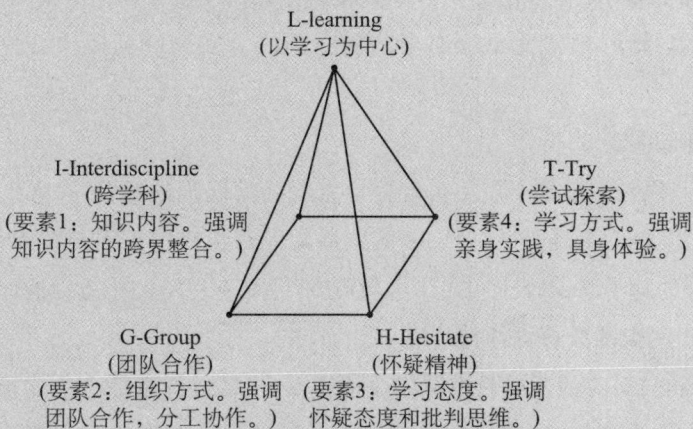

LIGHT 课程模型结构图

图中文字：

L-learning
（以学习为中心）

I-Interdiscipline
（跨学科）
（要素1：知识内容。强调
知识内容的跨界整合。）

T-Try
（尝试探索）
（要素4：学习方式。强调
亲身实践，具身体验。）

G-Group
（团队合作）
（要素2：组织方式。强调
团队合作，分工协作。）

H-Hesitate
（怀疑精神）
（要素3：学习态度。强调
怀疑态度和批判思维。）

LIGHT 课程是以学习为中心，由知识内容、组织方式、学习态度、学习方式四大要素构成，基于"儿童经验、真实情境、问题解决和个性发展"四个方面来设计与实施的跨学科课程。"基于儿童经验"，着重凸显课程内容的跨界融合；"基于真实情境"，强调学习方式的灵活多样；"基于问题解决"，明确定位教师指导的适时有效；"基于个性发展"，即注重评价方式的丰富多元。LIGHT 课程强调知识内容、重视团队分工协作、鼓励怀疑态度和批判精神，主张亲身实践，具身体验，从而相互交织相互融合相互渗透，共同构建起一个以"提升学生学习力"为最终目的的跨学科课程。

郑州市金水区文化路第三小学创建于 1996 年,位于郑州市文化路北段博颂路 3 号。多年来,学校秉承"让每个生命精彩绽放"的办学理念,以"朝着精彩奔跑"的课程理念为统领,对综合实践活动课程进行系统规划,不断加强综合实践课程的序列设计、精心组织、有效实施和科学评价,不断创新实践学习的内容与形式,先后产生了《茶文化》《奇妙的纸世界》《探秘东风渠》《职业体验》《校园知多少》《我是小创客》《绘制家族图谱》《树的创可贴》《蚕宝宝诞生记》《小小理财师》《最美花灯》《新年台历》等特色主题课程,并在此基础上,逐渐形成独具学校特色的综合实践活动课程品牌——LIGHT (点亮)课程。

**一、缘由与原型**

LIGHT 课程是学校基于多年实施综合实践活动课程的经验,在深度分析众多活动主题与典型案例的基础上,结合综合实践活动课程自身的性质与特点,积极构建的以学习为中心的跨学科课程。它的产生与形成,主要有以下三个方面的原因。

**(一) 缘于国家的教育方针与政策**

2001 年教育部印发《基础教育课程改革纲要(试行)》规定综合实践课程为中小学必修课程。2017 年 9 月,教育部又专门出台《中小学综合实践活动课程指导纲要》,突出强调了综合实践活动课程在培育学生核心素养、落实立德树人中的重要作用。《纲要》中关于课程的性质与理念、目标与内容、规划与实施、管理与保障等多方面的内容,为我们深入、规范、有效地推进综合实践活动课程指明了新的目标与方向。从一系列相关政策的发布实施,可以看出,国家在科技日新月异、经济突飞猛进的全球化背景下,对青少年的创新意识与实践能力提出了更加迫切、更加深远的希望与要求,因此,基于国家教育方针与政策的综合实践活动课程的改革与创新,势在必行。

**(二) 缘于学校课程变革的现状与需要**

2017 年,学校作为第一批实验学校,参与了郑州市金水区教育体育局与上海市教育科学研究院共同合作的"学校课程品质提升项目",并在专家的指导下,根据"首要课程原理"对学校全部课程进行系统规划与整体架构,以"万花筒"课程为引领,分别从

"行为与道德、运动与健康、语言与交流、逻辑与思维、艺术与审美、科技与创新"六个维度出发，构建学校六大类课程。综合实践活动作为全校学生的必修课程，要想有机、自然、无痕、贴切地融合于学校"万花筒"课程体系中，就必须在学校的教育哲学和课程理念下进行有序梳理、有机统整，在众多活动主题和典型案例的基础上，提炼出一种具有课程共性特征、可迁移可推广的课程模式，使其向上能够找到生长的方向，向下能够扎根生长的土壤，成为学校课程体系中不可或缺的重要组成部分，并逐步发展为学校课程创生的新的生长点。

**（三）缘于学生个体发展的意愿与诉求**

美国当代著名的教育心理学家奥苏伯尔主张学生的学习应当是有意义的学习。进行有意义学习的条件之一是学习者认知结构中必须具有适当的经验知识，以便与新知识建立非人为的、实质性的联系。每一个学生都是一个独立的个体，具有不同的生活经验与知识储备，存在不同的发展意愿与生长诉求。我校综合实践活动课程尊重学生的已有知识与经验，始终坚持从学生的真实生活与发展需要出发，注重引导学生从日常学习生活、社会生活、大自然中发现和提出问题，转化为活动主题。无论是从《奇妙的纸世界》到《我是小创客》，还是从《探秘东风渠》到《小小理财师》，活动的主题涵盖了考察探究、社会服务、设计制作和职业体验多个方面，以满足学生不同领域不同维度不同层次的发展诉求。

基于此，我们对开展的众多综合实践主题活动进行梳理和提炼，结合综合实践活动课程自身的性质与特点，参考各种学习理论的关键要素，开发设计"LIGHT 课程"——以学习为中心的跨学科课程。

**二、创意与命名**

LIGHT 课程的创意缘于课程自身的性质理念与我校的课程实践经验。相对于传统的学科课程，综合实践活动课程具有"自主性、实践性、开放性、整合性、连续性"[①]的特点，它能够有效地打破学科壁垒，实现学科间的跨越与融合，强调学生利用已有的知识经验来探究、解决生活中的真实问题。

基于这种思考，在分析学校以往实施的综合实践课程活动主题的基础上，经过构

---

① 教育部. 中小学综合实践活动课程指导纲要[S]. 北京：北京师范大学出版社，2017：9.

思设计、筛选优化,最终形成了 LIGHT 课程。LIGHT 课程是由五个单词"L—Learning(学习)""I—Interdiscipline(跨学科)""G—Group(团队协作)""H—Hesitate(怀疑精神)""T—Try(尝试探索)"的首字母构成的。课程主张打破传统的学习空间与模式,以自然社会、真实生活为学习场景,在发现探索、体验实践中,主动质疑、大胆求证,进而不断地培养学生的思考力、实践力和表达力,并以"学习"为支点,真正实现教育与生产劳动、社会实践相通相融。

### 三、要素与模型

LIGHT 课程是由"Learning""Interdiscipline""Group""Hesitate""Try"五个单词的首字母构成,具体来说,是由"一个中心,四个要素"组成。

一个中心:"L":Learning(学习),指 LIGHT 课程是以"学习"为中心的课程,强调本课程的终极目的是促进学生学习力的发展与提升。

四个要素:"I":Interdiscipline(跨学科);"G":Group(团队协作);"H":Hesitate(怀疑精神);"T":Try(尝试探索)。

要素 1(课程内容):"I"是指 LIGHT 课程是一门跨学科课程,课程内容方面都凸显多学科融合、跨学科渗透的特征,强调与自然社会、真实生活的密切联系。注重各类主题的广泛涉猎和各种知识的综合运用。

要素 2(组织方式):"G"是指 LIGHT 课程主要以团队协作、小组合作为主要组织方式,可以是班级内部,也可以是跨班级、跨学校、跨区域的团队合作。强调信任、合作、沟通、理解、包容、妥协等学习品质和"非智力"因素的培养。

要素 3(学习态度):"H"是指 LIGHT 课程提倡主动质疑、大胆求证的学习态度和精神,强调学生在参与体验、探索实践、设计制作中不盲信、不从众的怀疑精神,并在质疑求证的过程,形成批判性思维。这是学生高阶思维形成的基础,也是活动真实有效的保证。

要素 4(学习方式):"T"是指 LIGHT 课程倡导以"尝试、体验、实践、探索"为主要学习方式,注重引导学生在"做中学""做中思""做中悟""做中得",不断积累学生的具身经验,引导学生在实践体验中不断更新自己的知识结构与经验体系。

这四个要素,相互交织、相互融合、相互渗透,共同构建起一个以"提升学生学习力"为最终目的的跨学科课程。

L-learning
(以学习为中心)

I-Interdiscipline
(跨学科)
(要素1：知识内容。强调
知识内容的跨界整合。)

T-Try
(尝试探索)
(要素4：学习方式。强调
亲身实践，具身体验。)

G-Group
(团队合作)
(要素2：组织方式。强调
团队合作，分工协作。)

H-Hesitate
(怀疑精神)
(要素3：学习态度。强调
怀疑态度和批判思维。)

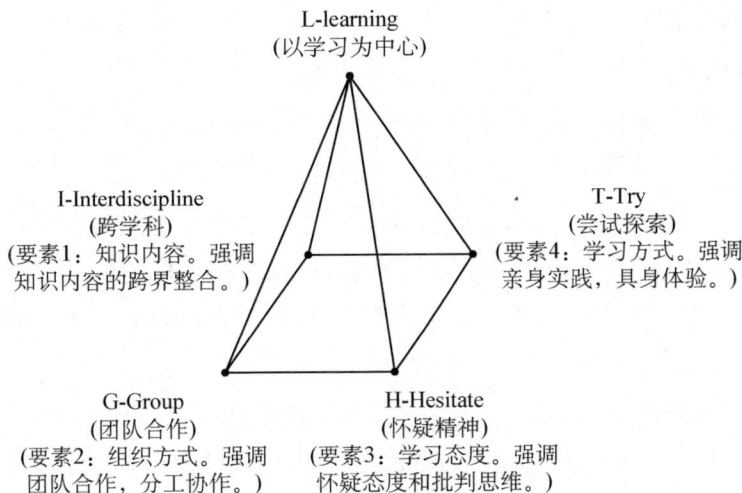

图 12-1　LIGHT 课程模型结构图

## 四、设计与实施

依据《中小学综合实践活动课程指导纲要》，LIGHT 课程的开发与设计面向学生完整的世界，引导学生从日常学习生活、社会生活或与大自然接触中，提出具有教育意义的活动主题，使学生获得关于自我、社会、自然的真实体验[①]，鼓励学生从自身成长的需要出发，注重学生主动实践和开发生成。因此，我校在 LIGHT 课程的设计与实施中主要运用了以下策略：

### (一) 基于儿童经验，凸显课程内容的跨界融合

学生的经验源于自我、社会和生活，综合实践活动课程又具有其特殊地位，因此，在课程内容的实施中强调了知识内容的跨界整合。如 LIGHT 课程中的《奇妙的纸世界》，由于学生处于课程的起始年级，年龄小，已有经验有限，在探究的过程中，以教师引导为主，家长辅导为辅，协助小组学生做实验，研究哪种纸更具吸水性？通过严谨的科学小实验使研究的结果更真实、准确。

### (二) 基于真实情境，倡导学习方式的灵活多样

低年级的学生语言表达不清楚、不完整，认知经验有限。我们在进行 LIGHT 课

---

① 教育部. 中小学综合实践活动课程指导纲要[S].北京：北京师范大学出版社,2017:9.

程时,通过课堂实际观察反思以及学习理论知识,找到一些影响低年级综合实践活动课实施的校内因素,并尝试着作了一些有针对性的研究策略。

策略 1:我们通过让学生做笔记,写感受,养成"好记性不如烂笔头"的学习习惯,从而对所学的内容有进一步的了解,加深对知识的理解。

策略 2:学生自由成立小组后,对学生提出要求,每次上课铃声打响后,小组长带领并组织本小组成员提前按小组对号入座,这样,大大减少了上课前有些学生找不到小组的情况。在小组合作中,本着欣赏的眼光,俯下身子去倾听,多表扬,多鼓励的原则,把"小不点,大智慧"舞台充分留给孩子。

策略 3:适当放手,相信孩子。综合实践活动课是教师和学生共同成长进步的探究的课程,学生的思维跳跃有时超越教师。对于低年级的学生而言,他们往往更专注自己喜欢的事情,我们就利用学生的这个特点,课前让学生毛遂自荐,临时应聘"三分钟小老师",授课的内容可以与本学期的活动主题有关,也可以讲一讲自己的所见、所想。

**(三)基于问题解决,强调教师指导的适时有效**

在 LIGHT 课程实施中,我们发现,教师讲解的多、指导的少,导致学生的研究不彻底,活动进行不透彻。因此,我们充分利用了社区和家长资源,教师组织活动,家长志愿者带领小组学生走出去,亲身实践。

例如,我们高年级在进行《走进铁路枢纽——郑州站》综合实践活动时,家长参与到学生小组研究内容中,通过实地考察,了解铁路发展的历史;进入铁路调度室,感受火车运行情况,观察火车的构造;与铁路客服人员进行沟通交流,邀请他们走进校园,体验铁路 Style 的手势"密语"等。

**(四)基于个性发展,注重评价方式的丰富多元**

LIGHT 课程倡导积极有效的评价方式,设计简单易行的评价工具,有助于课程实施中教师长期坚持,活动持续开展,同时也受学生喜欢,起到激励和导向的积极作用。

及时的评价语能对学生的表现给予肯定,需要贯穿活动的始终,这对老师也有一定的挑战,要求评价及时、具体与准确,对教学活动起着重要的导向作用,学生也会因此增加自信,积极的情绪也会越来越高。如,我们收集并整理了课堂评价语:当学生的发言内容精彩时——评价"你有一双敏锐的眼睛。"学生在小组讨论中,讨论时间即将结束时——提示"活动完成的小组已经用坐姿告诉了老师"……

在进行 LIGHT 课程时，学生的个性差别影响着学生的不同认知，因此，学生的探究情况，我们也无法全面地进行了解。设计一个小调查问卷，不仅适合于不同个体的发展，不同年龄段的需求，还可以促使学生与同伴、教师、家长的评价相融合。这种小调查问卷形式适合于研究 LIGHT 课程的一个小主题活动中对学生的情感态度能力的检测。通过小调查问卷，我们还可以发现探究问题，深入了解学生，反思总结经验，从而调整我们的课程实施。

### 五、案例与分析

LIGHT 课程是在对我校开展的众多综合实践主题活动进行梳理提炼的基础上，结合课程自身的性质与特点，构建出的综合实践活动课程创意设计模型。我校很多综合实践活动主题课程，都是 LIGHT 课程的基础与原型。

《探秘东风渠》就是 LIGHT 课程的一个典型代表。该课程根据高年级学生的身心特点、知识基础和生活经验，充分利用学校周边的自然环境、物质资源，围绕"东风渠水质污染之谜"这一核心问题，有效整合数学、科学、语文、美术、信息技术、地理等学科相关知识，开发设计了六项学习探究任务，通过同伴协同合作、教师适度指导，采用网络检索、实地勘察、质疑假设、取样实验、专业检测、采访记录、资料查询、数据分析、提炼总结等多种学习方式，探索水质污染的原因，并寻找解决问题的措施与办法，是一项跨学科的探究性课程。

### （一）课程内容凸显跨学科融合

在实施《探秘东风渠》课程活动中，基于真实的观察与发现，设计驱动性问题，如"东风渠的水质究竟怎么样呢？为什么看起来又脏又臭"等。按照科学学科探究的基本步骤与流程，开展探究实践活动。其中，活动中对于各种数据的收集与整理，需要借助各种统计图表呈现，将数据可视化，便于进行分析和预测。在对各种数据进行收集与整理时，需要借助数学学科的各种统计图表加以呈现，将数据可视化，便于进行分析和预测。活动最后需要形成研究报告，与语文学科结合，撰写各类倡议书，呼吁更多的人保护东风渠，建设东风渠。

LIGHT 课程是学校综合实践活动课程的创意表达，强调从学生的日常生活中发现问题，进而转化为活动主题。因而，课程内容的跨学科融合、多学科渗透是其显著特点。

### (二) 学习方式体现实践探究

基于学生的观察与发现,设计驱动性问题:"东风渠的水质究竟怎么样呢? 为什么看起来又脏又臭?"根据驱动性问题,按照科学探究六步骤,开展本课程的探究实践活动,具体如下。

观察与提问:同学们在东风渠游玩的过程中,发现这里的水又脏又臭,部分流段颜色发黑,水量很少,水面还漂浮着一些垃圾和绿藻,很少人愿意在河边行走锻炼,大家更愿意与水域有一定距离的滨河公园内活动。为什么一到夏天,东风渠的水会变得又脏又臭呢?

猜想与假设:对提出的问题进行初步的猜想和假设,并按顺序进行排列记录。污染源是什么? 是河底的环境,还是排污量太大,或是其他人为的因素呢?

计划与组织:制定探究计划,做好"人、财、物、时、空、情绪"的管理与安排。组织学生进行实地探索,对比实验。分别选取七个实验点,提取水样,进行检测,检验水质的污染情况。分别从颜色、气味、浑浊度和 pH 值四个方面进行观察实验,并进行认真记录,绘制成表格。

事实与证据:收集各种数据资料,并对数据进行比对分析,借助郑州市环保局环境检测中心站的专业检测与指导,分析结果并进行假设验证。验证成功,就进入下一项任务;验证不成功,则返回第二项任务。

模型与解释:采用统计图表、文字描述、PPT 演示、探究微视频、海报、小型报告会等多种形式呈现探究结果。

交流与表达:以"保护生存环境、保护美丽家园"为主题,向政府发出呼吁,向市民、伙伴发出倡议。

### (三) 组织方式强调小组合作

LIGHT 课程中的《探秘东风渠》课程在开展实施的过程中,一直坚持小组合作的组织方式,每个小组由 4—6 人组成,强调团队之间的团结与协作、沟通与交流,不断提高学生的自主参与意识与合作沟通能力。

(1) 小组合作的形式,从班级内的小组合作,扩展为跨班级、跨年级、跨学校之间的合作。如吴子恒小组的成员,除了有本班级的四位同学外,还有二年级的徐妙丫同学和金水区艺术小学的杨美怡同学。两位同学的共同参与和家长资源,有效提升了本小组探究活动的质量与效果。

（2）小组合作的分工以学生的兴趣、能力、特长、活动需要,灵活安排,明确分工,做到人尽其责,高效合理。每一次活动之前,都必须完成活动计划表,明确本次活动的目标与内容。每一位成员都需要根据自己的任务分工,提前做好准备工作,以便有的放矢,事半功倍,不断提高学生的探究能力与水平。

（3）在小组合作完成任务的过程中,注重发展与培养学生的理解信任、沟通交流、退让妥协等非智力因素。当遇到困难想要放弃的时候,有同组小伙伴的支持与鼓励;当遇到瓶颈无法突破时,离不开小组内的大朋友给予的点拨与指引;当小组内发生了意见冲突与争执,要学会正确处理与化解矛盾,必要的时候要学会退让与妥协。

**（四）学习态度注重批判质疑**

"学贵有疑,小疑则小进,大疑则大进。"质疑是进行有意义学习的前提与基础。在进行《探秘东风渠》课程活动时,大胆质疑、主动质疑的学习品质贯穿探究的全过程。

质疑 1：东风渠的水质究竟怎么样呢？为什么看起来又脏又臭？网络上搜索出来的答案正确吗？这些答案究竟是事实还是观点呢？通过质疑,引发学生的深度思考。带着质疑,同学们开始了猜想与假设、实践与验证。这也是批判性思想慢慢形成与发展的过程。

质疑 2：通过专业检测,发现水质污染并没有人们想象中那么严重,既然水本身没有太大的问题,为什么看起来又脏又臭呢？真正的污染源又是什么呢？是河底的环境、河道太脏,还是人为的污染呢？通过专业检测,推翻了前期假设,同学们开始二次勘察、实验,在不断试错、不错思考的过程中慢慢地逼近真相,揭示谜底。

《探秘东风渠》着重体现了 LIGHT 课程的"一个中心,四个要素"的特征。无论是跨学科的课程内容,还是小组合作的组织形式,或者批判质疑的学习态度,或是实践体验的学习方式,都是 LIGHT 课程的核心要素,这四个方面的相互支撑,终极目的是实现学生学习力的发展与提升,使学生具备适应未来社会和发展的综合素质与关键能力。

**六、点拨与提示**

LIGHT 课程在开展和实施的过程中需要注意以下几点：

一是 LIGHT 课程是以学习为中心的跨学科课程,具有活动性。在活动过程中,重点从"学习动机、学习态度、学习习惯、学习方法、学习任务、学习反思、学习评价"等方面对学生的学习进行全过程的设计和指导、评价与监控,真正实现学生学习力的发展与提升。

二是 LIGHT 课程是一门跨学科课程,具有融合性。各学科知识的融会贯通、综合运用是其显著特点,教师在设计具体的活动主题时,要注意给学生搭建必要的思维支架,提供丰富的知识素材,促进学生对各学科知识的深化理解和灵活运用。

三是 LIGHT 课程是一门跨学科课程,具有实践性。实践性是其根本属性。每一处的实践体验、实践探究活动,教师都需要精心组织、提前规划,确保各项实践活动的安全、有序、有效进行。必要的时候,可以依托家长资源进行开展。

(创意单位:郑州市金水区文化路第三小学　撰稿人:耿素素　程晓璐　孙洁)

## 创意设计 13

# OPEN 课程：以学生为中心的开放式学习

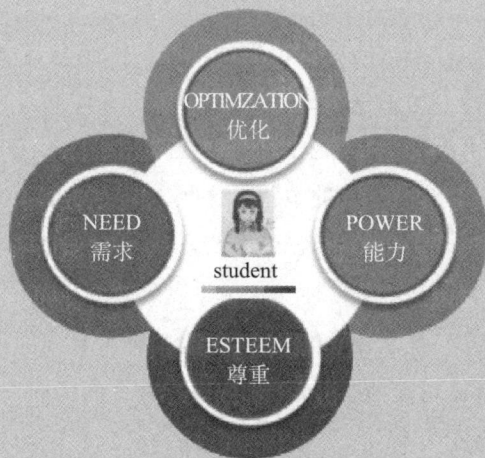

OPEN 课程要素关系图

OPEN 课程由优化、能力、尊重、需求四大要素构成，围绕"开放情境、开放探究、开放生成、开放评价"四环节开发和实施。OPEN课程以学生为中心，强调唤醒学生的学习主动性，崇尚以自然开放的形态培养人，打破封闭式学习的局限，使学生从问题需求出发，优化共享资源，注重能力提升，尊重平等对话，从而成就更好的自我。OPEN课程倡导情境需求，优化途径资源，提升六大学习能力，尊重多元评价的开放式学习。

郑州市金水区南阳路第二小学建于 1963 年,至今已有 56 年历史。厚重的历史孕育出学校"以和为根,以美为魂"的教育哲学。在学校"与和同行,与美相遇"的教育理念指导下,通过整合优化综合实践活动教育资源,拓展综合实践活动途径,创新综合实践活动学习模式,将学习的主动权还给学生,使学生达到自由舒展、情智共生的开放自然的学习状态。

**一、缘由与原型**

学校依据《中小学综合实践活动课程指导纲要》,陆续开发了饮食文化探究类《营养与美食》,职业体验类《一日生存体验》,德育实践类《美德润心》,文化探究类《足下生辉》,创意物化类《我爱不织布》等主题。随着实施的不断深入,学校逐步沉淀出一批参与度高、成长收获性强、可持续操作的主题。这些主题以满足学生需求为目标,充分尊重学生主体地位,体现了学校综合实践活动课程的内涵与理念。

**(一)基于学校办学理念**

"与和同行,与美相遇"是学校的办学理念,也是师生共同的价值追求。自由舒展、情智共生的状态是教育最自然最基本的形态,也是教育的本质与初心。综合实践活动课程引导学生个人生命在人与人、人与社会、人与自然的和谐相处中发现成长的美好,追求一种自然和谐的美好境界。

**(二)基于学习方式变革**

传统的学习方式已不能满足学生日益增长的学习需求。基于学生真实需求的问题情境,优化整合的学习资源,尊重共享的评价方式,极大地激发了学生的学习能力。开放的学习空间,开放的学习方式,开放的学习资源在满足学生多元需求中发挥了重要作用,是推动学习方式变革的重要途径。

**(三)基于终身学习需要**

布鲁姆认知金字塔指出,随着学习者对认知的不断内化建构与外化输出,学习内容的平均留存率在不断提高。实践、运用、教授他人等主动性学习方式是成就学生终身学习与发展的重要手段。

基于以上思考，学校确定了以学生的需求为核心，优化为途径，尊重为基础，能力为目标的综合实践活动课程思路。

## 二、创意与要素

OPEN 是开放的意思，也是 optimization（优化）、power（能力）、esteem（尊重）、need（需求）四要素的缩写。即以学生为中心的开放式学习理念的提炼。OPEN 课程以学生为中心，强调唤醒学生的学习主动性，崇尚以自然开放的形态培养人，打破封闭式学习的局限，使学生从问题需求出发，优化共享资源，注重能力提升，尊重平等对话，从而成就更好的自我。

OPEN 课程中的 O 指 optimization 优化，即优化资源、优化思维、优化空间、优化内容、优化评价。

P 指 power 能力，即表达力、思考力、行动力、阅读力、自省力、交往力等学习能力。

E 指 esteem 尊重，即尊重敬畏自然、尊重崇尚科学、尊重共享评价。

N 指 need 需求，即问题需求、情感需求、成长需求。

四要素与模型如图 13-1 所示。

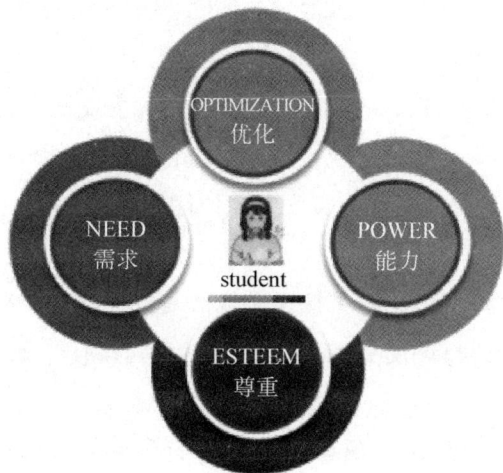

图 13-1　OPEN 课程要素关系图

## 三、操作与实施

我校结合综合实践活动课程基本课型与基本流程，设计了 OPEN 课程"四开放"

教学流程,即"开放情境——开放探究——开放生成——开放评价"。

开放情境:学生基于自身问题需求、情感需求、成长需求,挖掘现实生活中真实的、能引起或触动好奇疑问的问题情境,从开放的空间、开放的内容、开放的资源中确定自己感兴趣的需求主题。

开放探究:学生围绕主题进行探索研究,按照猜想假设分解问题——调查访问整理问题——验证推断分析问题的步骤开展探究。在探究过程中,学生通过小组合作、实地参观、查阅资料、访问请教等方式,在校内外、场馆中、社区内进行自主学习,提升自己在人际交往、解决问题、表达思考等方面的能力。

开放生成:在探究的过程中,学生优化教师、媒体、空间等资源,运用讨论、辩论、交流等形式,将已知与未知建立联系,不断调试已知,完善重建新知的过程。在这个过程中,学生对万物的性质、规律、内部联系达成以尊重为核心的尊重敬畏自然、尊重崇尚科学、尊重同伴参与者、尊重共享的价值认同。在参与者、指导者之间建立的平等对话关系让学生潜能得到激发,形成具有自我成长特性的认知结构,从而引发学习深度发展,最终指向精神品质的升华。

开放评价:教师为学生创设开放尊重的评价环境,邀请同伴、家长、志愿者等共同参与主题的人员,以平等对话、尊重差异的原则,将学生在参与主题过程中的三维目标与生成性问题进行多元评价,充分利用量化评价、描述性评价、星级评价等形式,对过程性评价、终结性评价提出建议,引导学生全面认识反思自己。同时,也为后续研究提供改进方案与思路。在评价实践中,不断引导学生获取新知,引发未知,情智共生。

开放式学习的基本流程,涵盖了综合实践活动课程基本课型和 OPEN 课程的四大要素,紧紧围绕要素进行课程实施,体现 OPEN 课程核心与理念。

## 四、案例与分析

学校依据 OPEN 课程理念,开发实施了《一日生存体验》《票趣生活》《走进博物院——博悟之旅》等课程。现以足球文化探究课程《足下生辉》为例,谈谈我校 OPEN 课程的开发与实施。

### (一)开放情境

足球是学校保留了近半个世纪的传统项目,一至六年级的学生人人会踢足球。学生对足球有着浓厚的兴趣,什么是弧线球,什么是乌龙球,世界上有多少个球队……学生对足球的情感需求、问题需求、成长需求表现强烈。这些问题包括足球起源、足球发展、观看国际精彩足球赛事、足球明星、足球球服、足球文化等各个方面。教师引导学生以相同兴趣主题为基础,成立活动小组,明确组内分工职责,制定活动计划。

**（二）开放探究**

各活动小组按照时间计划,思考可利用资源,猜测哪些途径可以解决问题,根据假设,制定研究方案。探究中学生以小组合作、分工协助的方式,询问父母、教练、足球爱好者;参观中学球队训练、参观足球场;通过书店、网络调查等方式调查了解、搜集相关研究资料;最后学生制作探究手册,完成探究任务活动页,设计探究成果手抄报,整理图片、音频等各种资料,验证推断分析问题。学生邀请家长、教练、高年级队员、专业球员担任自己的老师,向他们请教学习,获得他们的指导。在收集资料的过程中,组与组之间也经常相互交流,询问活动中遇到的问题,同伴间的经验介绍也成为开放探究的途径。

**（三）开放生成**

展示汇报阶段,各小组通过组内排练、班级汇报展示等形式,交流研究收获。学校采用长短课时结合,跨班级、跨年级组织足球文化论坛,足球分享沙龙,足球文化长廊,足球成果展等方式,为学生搭建分享交流的平台,帮助学生建构自身的足球认知体系。在这个过程中,学生从对足球的理解到对足球起源内涵的认知;从对足球运动的认识到足球文化、足球精神的传承,足球已不仅仅是一个圆球,而是逐渐建构生成在学生内心的足球思想。

**（四）开放评价**

学生通过文化足球、竞技足球、创意足球、友谊足球等丰富的实践活动分享评价感受。例如:文化足球——"足球与蹴鞠"图片展,"足球文化我知道"小论坛,"足球里的数学","球星知多少","金属中的足球烯","足球术语绕口令创编"等。竞技足球——足球技能训练、班级足球知识竞赛、足球联赛、校际间足球达人、最佳小射手评选、足球啦啦队评选、足球定向越野赛等活动。创意足球——设计队服、设计队标,设计足球工艺品、足球吉祥物等。友谊足球——邀请家长、教师参与其中,共同开展足球比赛、趣味足球赛、家校杯足球赛等活动,将足球运动在大众中普及,带动影响更多的人加入到足球运动的行列。

每个活动阶段,教师都设计有评价单,在评价单中涉及了自评、组内成员互评、家长评、参与者评价等内容,从学生情感收获、知识能力收获、成长收获等方面进行评价。在评价的形式上,采用档案袋评价、展示会评价、能力测评卷评价等方式,全面评价学生收获。

表 13-1 是终结性评价中,研究小组对学生完整活动过程的终结性评价表。

表 13-1 足下生辉课程研究评价表

| 课题名称 | | | | |
|---|---|---|---|---|
| | 评价项目 | 小组自评得分 | 教师评分 | 总分 |
| 活动准备 | 课题的选择 | | | |
| | 课题计划的制订 | | | |
| 活动过程 | 活动安排的有序性 | | | |
| | 每个成员参与课题研究的态度 | | | |
| | 研究过程中发现新现象、解决新问题的能力 | | | |
| | 成员之间互相合作、共同促进的情况 | | | |
| | 小组成员分工明确、各司其职的情况 | | | |
| | 按照计划实施的情况 | | | |
| | 中期研究成果 | | | |
| | 研究活动开展的完整程度 | | | |
| 活动成果 | 活动资料的收集情况 | | | |
| | 研究论文、小报、调查报告等撰写制作情况 | | | |
| | 内容的条理性、完整性以及创新程度 | | | |
| | 成果汇报情况 | | | |
| | 研究成果答辩情况 | | | |

**五、点拨与提示**

OPEN 课程在激发学生主动性学习,提高学习能力,转变学习方式方面发挥了重要作用。OPEN 课程具有开放性、自主性、实践性的特性,因此在场所开放、内容开放、学习方式开放、评价开放等环节的实施中需要注意以下问题。

一是开放不等于放手。开放式学习是相对于封闭式学习提出的。在开放式学习中，教师是陪伴者、引导者，要全程参与、随时关注学生的情况反馈。要及时发现各阶段活动问题，提出建议和解决策略，为学生提供必要帮助。

二是开放不等于盲目。开放式学习各阶段有明确目标，教师要提醒学生依据时间计划紧密围绕既定目标分步骤、分阶段开展活动。学习中避免随性而为、凭感觉实施的盲目做法。

三是开放不等于放任。评价反馈是有序开展活动的重要手段，也是调试学生实践探究过程的媒介，更是调动学生持久性、积极性的推动剂。开放式学习中，过程性评价、终结性评价、任务评价表、自评收获表等评价量表的设计至关重要。

（创意单位：郑州市金水区南阳路第二小学　撰稿人：孔珂）

## 创意设计 14

## FROM ME 课程：以学习者为中心的开放性问题学习

FROM ME 课程由学科融合、真实问题、开放思维、方法建构、聚焦学习者五大要素构成，紧紧围绕"真实问题，确定主题""开放思维，分工合作""学科融合，深度探究""方法建构，分享交流"四个环节来开发和实施课程。课程中所有的问题

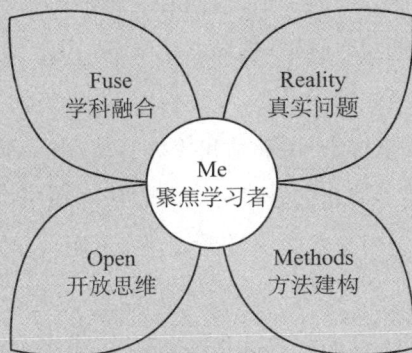

FROM ME 课程要素结构图

都来自学生的生活，通过学生对问题的提炼、加工，确定主题；在问题研究过程中，注重学科融合，研究方式是开放的；在分享交流环节，通过多样的方式，让学生学会实践方法，达成活动目标。FROM ME 课程秉持"以学习者为中心的开放性问题学习"的基本理念，注重学生的主体地位，从学生出发，充分发挥学生的主观能动性和独立性，开展以学习者为中心的开放性问题学习。

依据《中小学综合实践活动课程指导纲要》,郑州市金水区文化绿城小学在综合实践活动课程中,注重"以生为本",以"文质彬彬、绿意盎然"为育人目标,发掘学生的自身潜力,培养学生适应终身发展和社会发展需要的必备品格和关键能力。

## 一、缘由与原型

学校结合实际,以"自主、实践、创新"为综合实践活动课程实施核心,整合课程资源,密切联系学生生活实际,以研究性学习、社区服务与社会实践、劳动与技术教育、信息技术教育四大领域为依托,同时跨越四大领域的界线,追求活动内容的综合性。坚持在循序渐进的原则下,指导学生亲身经历活动过程、积极主动参与学习和实践,逐步培养"善于发现、勤于思考、乐于合作、勇于实践"的综合能力。

《给小猫搭房子》活动是我校综合实践活动课程之一。学生发现城市角落里流浪的小猫,提出了为它们搭建房子的想法。在一系列的活动过程中,学生利用数学知识测量、计算;运用美术知识设计、画图;运用科学知识确定房子的用料。在选择材料时,学生们经过比较、尝试,发现用废弃的奶盒搭建房子,既轻便又防水。有的学生把奶盒压扁搭建房子,有的学生没有压扁奶盒,学生们针对这一问题进行了探讨,发现用没有压扁的奶盒搭建的房子更加保暖。学生在不断地发现、探究、实践中,为小猫搭建了适合居住的房子。随着活动的推进,我校逐渐形成了《千变万化的家》课程。

在此课程的基础上,我们又相继开展了《装饰的学问》《生活中的小发明》《头脑风暴》等一系列综合实践活动课程。学生在实践中探究、制作、体验、认识和发现自我价值,从学生中来,到学生中去,FROM ME 课程应运而生。综合实践活动课程实现了从生活中来,从实践中来,从创新中来……深受学生们的喜爱。

## 二、命名与创意

"FROM ME"一词由"FROM(从)"和"ME(我)"两个英文单词组成,意为"从学生中来,到学生中去",但更深层次上,"FROM ME"隐含着我们对这一课程的理解与定位。"FROM"由融合(Fuse)、真实(Reality)、开放(Open)、方法(Methods)四个英文单词的首字母组成。"ME"(我)这里指学习者,寓意学习者通过学科融合、真实问题、开放思维和方法建构,开展综合性实践学习活动。

FROM ME 课程秉持"以学习者为中心的开放性问题学习"的基本理念。课程注重学生的主体地位,从学生出发,充分发挥学生的主观能动性和独立性,开展以学习者为中心的开放性问题学习。学生通过学科融合,学以致用,永葆一颗睿智的大脑,在课程中收获自信和快乐。

### 三、要素与操作

FROM ME 课程由学科融合、真实问题、开放思维、方法建构、聚焦学习者五大要素构成,紧紧围绕"真实问题,确定主题""开放思维,分工合作""学科融合,深度探究""方法建构,分享交流"四个环节来开发和实施课程。

#### (一) FROM ME 课程的五大要素

FROM ME 课程由学科融合、真实问题、开放思维、方法建构、聚焦学习者五大要素构成,以学习者为中心,注重学生在学习中的主体作用,提倡"以生为本",从学生中来,到学生中去。FROM　ME 课程要素结构见图 14 - 1。

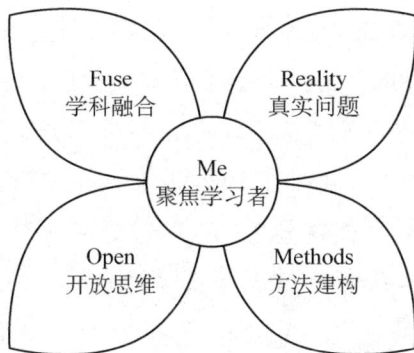

图 14 - 1　FROM ME 课程要素结构图

1. 学科融合(Fuse)：一是指 FROM ME 课程是一门多学科融合的课程,它将多门学科融会贯通,打破了学科界限。这既是学科发展的趋势,又是产生创新性成果的重要途径。二是指课程促进了学生知识、观念和实践的融合,让学生在学习过程中,融合自己所学知识,拓展新的视野和理念。

2. 真实问题(Reality)：学生在活动中应对生活中可能出现的各种现实问题,主动地探索、发现、体验,获得解决问题的真实经验。课程注重真实性,用切实的实践活动,让学生在真实的体验中收获知识,陶冶性情。

3. 开放思维(Open):FROM ME 课程把学生成长的环境作为学习场所,在与家庭、学校、社区的持续互动中,不断开放活动时空和活动内容。学习时间不再局限于课堂,而是拓展到一切可以利用的时间;学习场地不再局限于学校,而是延伸到家庭和社会中去;学习内容不再局限于课本,而是延伸到生活实践中。

4. 方法建构(Methods):即实践方法。学生在课程中学会如何学习,掌握一定的方法,结合方案开展实践活动。在实践过程中,学生要掌握交流的方法,学习创造性地解决问题的方法,在实践活动中学会灵活运用。在不断的探索中,学生又会不断完善和学会新方法。

5. 聚焦学习者(ME):课程以学生为中心,聚焦学习者在活动中的真实体验,让教育回归本质。实践从学习者的角度出发,通过学科融合、真实问题、开放思维和方法建构,让学生感悟到综合实践课程的魅力。

**(二) FROM ME 课程的操作模式**

FROM ME 课程中所有的问题都来自学生的生活,通过学生对问题的提炼、加工,确定主题,充分反映了主题的真实性;在问题研究的过程中,多学科融合,增长学生的知识,研究方式是开放的;在分享交流环节,通过多样的方式,展示、汇报、交流,让学生学会实践方法,达成活动目标。就像德鲁克冰山理论中提到的,我们看到的不仅是学生知识技能,综合素质的提升,更体会到了孩子对生命的渴望、期待。学生感受到了真正的自我,实现了自我成长的奇迹。我们通过四个步骤进行实施。

1. 真实问题,确定主题

活动开始,学生进行问题搜集。通过开展社会调查、问题讨论会、创设情境,引导学生留心观察体验自身的真实生活,在生活实践中发现问题,提出问题。接下来,对学生提出的问题进行融合归类。将问题按"是什么""为什么""怎么做"三方面进行归纳整理,以确定哪些问题可以转化为活动主题。最后充分相信学生,让学生充分观察、思考与实践,不断明确和修正自己的问题,通过师生共同讨论,确定主题。

2. 开放思维,分工合作

确定好主题之后,学生选择自己感兴趣的课题,自由组成小组。在小组中,根据每个组员不同的特点以及可以利用的资源优势，进行合理分工，确保人人有事做，事事有人做，让学生明确各自的任务，体会团结协作的精神，感受合作的快乐。

3. **学科融合，深度探究**

小组成立后，教师引导学生根据探究的问题设计真实有效的探究方案。在这一活动中，充分调动学生的积极性和创造性，学生进行自主思考，一步一步攻克难关，提出自己真实的想法。设计方案要体现选用何种方法和步骤，探究并揭示要研究的问题，在这个过程中，学生的创新思维得到了培养，想象力得到了发挥。

4. **方法建构，分享交流**

学生根据设计的方案进行自主探究，走出学校，走进社会，在开放性的环境中进行实践，一步步解决提出的问题。在真实学习的过程中，学生会体验到挫折、困难、成功、喜悦……但是每一次的经历，都是一次锻炼，一次成长，一笔宝贵的财富。学生将自己的学习成果通过一定方式进行总结、交流并进一步延伸。

FROM ME 课程以促进学生综合素质持续发展为目的，设计与实施主体多端、内容多维和手段多样的综合实践活动评价。强调评价的情境性、真实性以及过程性，采用表现性评价、投票式评价、档案袋评价、排行榜评价等灵活多样的评价方法，调动师生参与课程评价的积极性。

在分享交流时，通过照片秀、资料秀、现场秀、表演秀等形式，展示学生在 FROM ME 课程中的照片、过程性的资料及现场动手实践的成果。教师、学生、家长对学生的活动成果进行多元评价。采用投票式、排行榜式评价，组织专业评审团和大众评审团进行投票，对投票的结果进行排行。最终根据排行情况，分别颁发"最佳成长""最佳分享""最佳表演"的奖项。

#### 四、案例与分析

《头脑风暴课程》是 FROM ME 课程的一个代表。课程分为《创意无限》《奇思妙想》等活动。它是一门开发学生创造力，培养学生创造精神和团队合作精神的课程。

在《创意无限》活动中，通过搜集生活中的问题，发现有不少学生对广阔神秘的宇宙星空特别感兴趣，对问题进行归类后，最后一致决定针对"星际"这个主题进行剧本创作。

确定主题后，学生们自由组成小组，在组内根据自己的特长进行了合理分工。善于习作的孩子进行剧本的创作；动手能力强的孩子根据剧本内容进行道具的制作；表达能力强的学生进行剧本的表演。

在设计方案时，学生们经过讨论，设计了两个小研究问题：1. 如何利用"星际"的元素进行创作？2. 如何巧妙地利用废弃物制作道具？有了大致的框架，主题探究就可以开展了。学生针对"星空"，从不同的角度，不同路径收集相关信息，如杂志书籍、网络搜索等。孩子们在探讨中，确定了以宇宙为背景，以金木水火土五行元素为表现主题创编剧本。

深度探究上，在讨论到星际大本营地图如何从二维变到三维时，有的孩子建议用折叠打开的方式，有的孩子建议用推拉的方式……最后经过反复实践，确定了用折叠灯笼，即将画好的灯笼经过推拉变成立体图案的方式，实现了从二维到三维的转换。学生运用所学的美术知识制作精美的道具，并在实践中不断完善道具。

最后，学生通过静态和动态两种方式分组进行了分享交流。通过照片秀、资料秀、表演秀，展示了自己在整个活动中的成果。每一个细节都洋溢着学生们思维的火花、创意的设计、默契的合作和团队的力量。活动最后，由学生、家长、教师组成的评审团对每组的展示进行投票。

在这一系列实践活动中，课程成效显著：学生们发挥了自己的想象力，充分调动了自己的思维，学会了用创新思维去发现问题、思考问题、探究问题和解决问题。在一次又一次的实践活动中，学生培养了自己的创造力，同时明白了团结协作的重要性。

**五、点拨与提示**

近年来，随着综合实践活动课程的深入，单一被动的课程方式早已跟不上学生发展的要求。综合实践课程，开始越来越注重学生的主体地位，学习者是所有学习活动的中心，从学生的角度出发，尊重学生的个体差异性，开展的一系列实践活动，最终都是为了回归学生，促进学生实践能力和自我素养的提升。在具体操作与实施过程中，需要注意以下几点。

一是 FROM ME 课程适用于小学一至六年级的学生，符合小学阶段的学生学情；二是 FROM ME 课程充分利用周边资源；三是 FROM ME 课程突出评价导向；四是 FROM ME 课程注重丰富的活动方式和趣味。

FROM ME 课程的实施不仅促进了教师教育方式的变革，也提升了学生的学习品质。"FROM ME"从我走出去,相遇美好,孕育希望;"FROM ME"从我走出去,积蓄力量,律动生命;"FROM ME"从我走出去,拥抱世界,迎接未来!

（创意单位：郑州市金水区文化绿城小学　撰稿人：杜豫　杨照华）

## 创意设计 15

## STAR 课程：以合作探究为中心的学科融合课程

STAR 课程是一门以合作探究为中心的学科融合课程，包含调查探究、协同合作、学科融合、成果积累四个要素。由探索发现、合作探究、问题解决、形成成果四个环节组成，即学生以小组合作的形式经历学科融合性调查探究活动，体验跨学科学习的过程，进一步同化吸收各个学

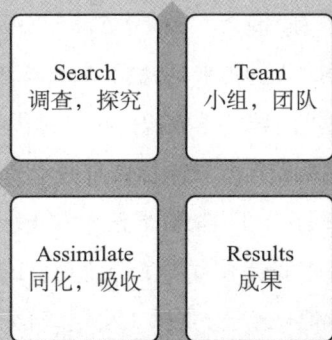

| Search 调查，探究 | Team 小组，团队 |
| Assimilate 同化，吸收 | Results 成果 |

STAR 课程要素结构图

科的知识和技能，并及时积累活动中的成果，以留下成长的真实足迹。学生以小组合作的形式经历调查探究、尝试试验等学科融合性实践活动，在跨学科学习的过程中进一步同化吸收各个学科的知识与技能，并及时积累活动中的成果，以留下学生成长的真实足迹。

郑州市金水区银河路小学是一所新建学校,校舍基础条件优越、教师年轻富有朝气、学生淳朴热情好学。学生家长来自省内各县级市或乡村,承载着河南不同地域的文化和内涵。学校秉承"让生命绽放光芒"的办学理念,坚信"每个孩子都是一颗星",并致力提供丰富多彩的课程,为学生的终身发展提供平台。

在对综合实践活动的不断实践探索中,学校逐步构建了 STAR 课程。STAR 课程以合作探究为中心,将不同的学科进行融合,通过不同的活动任务、缤纷的活动形式,立足于学生的实际生活,指向学生核心素养的发展。

**一、缘由与原型**

核心素养时代的到来,加快了基础教育课程改革的步伐,综合实践活动的性质和地位随之成为热点问题。学校积极响应时代的要求,竭力探索综合实践活动的发展路径。

**(一)STAR 课程开发的缘由**

2017 年 9 月 25 日,教育部正式发布《中小学综合实践活动课程指导纲要》(以下简称《纲要》),要求坚持教育与生产劳动、社会实践相结合,引导学生深入理解和践行社会主义核心价值观,充分发挥中小学综合实践活动课程在立德树人中的重要作用。

在长期的实践探索中,我们发现综合实践活动的综合性、自主性、实践性、开放性、生成性,凸显了本课程在培养学生核心素养(如学会学习、责任担当、实践创新等)方面的不可替代的作用。换言之,通过综合实践活动,与自然、社会、个体有直接的接触,形成直接的情感体验,丰富实践经验,全面认识自然、社会、自己与他人,培养社会责任意识、问题解决能力和创新意识等。

**(二)STAR 课程的原型**

基于独有的生源特点和学校的发展需求,学校力图以"亲身体验"的形式,引导学生去深刻地感受具有河南本土悠久的历史、厚重的文化。为此,学校组织学生进行研究性学习,开发了以"考察探究:了解关于河南的历史文化,设计制作:传承河南优秀工艺,职业体验:我是河南代言人"为主要课程内容的《中原文化 中华文明——老家·河南》系列综合实践活动课程。根据学生的年龄特点和兴趣爱好,在一至六年级分别开发《好习惯伴我行》《我爱银河大家园》《生活住房大发现》《发现——最美银河》《银河小小种植园》《合理饮食　健康成长》等主题实践活动课程。

此外，为了传承河南传统手艺，学校开发了《趣味纸雕》课程，根据学生年龄特点，一至六年级分层设计课程内容，并由郑州市非物质文化遗产传承人蔡建平老师设计教材、参与课堂教学。目前，《趣味纸雕》课程已成为学校的品牌课程。

基于以上认识和实践中的思考，我们发现学生的实践活动离不开调查研究、协同合作和跨学科学习。为充分发挥综合实践活动在基础教育阶段的重要作用，以核心素养为导向，立足学生个体的生活和现实情境，我们开发了"STAR 课程：以合作探究为中心的学科融合课程"，指导学生各学科的综合实践活动。

## 二、创意与要素

作为学校"星课程"的一个重要分支，STAR 课程要体现学校的办学理念、突出"星"学生的主体地位和作用，即一切从学生的实际出发：尊重学生的兴趣爱好、个性需求，发挥学生的主动性和积极性。基于此，以下将对 STAR 课程的创意和要素两个方面加以阐释。

### （一）STAR 课程的创意

"STAR"是"星星、明星、主角"的英文单词，体现了学校"星课程"的理念，同时也表达了学校"每一个孩子都是一颗星"的愿景。"STAR"由"S-T-A-R"四个字母组成，分别表达不同的含义。"S"即 search（调查、探究），"T"即 team（小组、团队），"A"即 assimilate（同化、吸收），"R"即 results（成果）。寓意学生以小组合作的形式经历学科融合性调查探究活动，体验跨学科学习的过程，进一步同化吸收各个学科的知识与技能，并及时积累活动中的成果，以留下成长的真实足迹。总之，STAR 课程是一门以合作探究为中心的学科融合课程。

### （二）STAR 课程的构成要素

STAR 课程包含四个要素：调查探究、协同合作、学科融合、成果积累。这些要素既为课程的开发和实施提供了方向思路，也表达了对课程开发与设计、实施与评价的标准和要求。各个要素的具体涵义如下。

1. 调查探究

STAR 课程坚持以学生为活动主体，重视学生动手动脑，付诸实践。学生从身边的学习生活出发,对发现的问题进行理性思考,并确定为研究主题。在老师的指导下,运用所学知识及观察、访谈、实验、文献查阅等方法进行深入研究,并开展一系列探究活动,如野外考察、公共场馆参观、社会调查、研学旅行等,从而促进探究意识和探究能力的逐步提高。

2. 协同合作

小组合作进行实践活动是 STAR 课程的又一大显著特征,在学生自主确定研究主题后,有相同研究方向和兴趣、不同爱好和特长的学生组合成小组开展活动,组内成员在活动中互相帮助学习,发挥自身优势,协同合作,一步步将实践研究推向深入。

3. 学科融合

STAR 课程在加强学生实践体验,拓展生活经验时,重视各学科之间的沟通,在更高层次上实现学科与经验的统合。在活动领域中打通各个学科之间的阻碍,让学生在实践活动中运用、学习多学科的基本知识和技能,并能够围绕实际问题进行跨学科式的综合性学习。例如,开发学生“家乡文化”资源、教师“专业特长”资源、社会“历史、时事焦点”资源,将自然、人文、信息技术等课程资源进行有效整合,设计出包含各学科知识的课程资源包,为学生的实践和探究提供丰富的素材。

4. 成果积累

成果是学生进行有效实践的一个重要体现,STAR 课程要求“关注过程,兼顾结果”。学生的每一次实践活动都要形成不同层次、不同方面的有形和无形成果,包括对研究主题最后结果的整理、对解决问题过程的梳理和记录。

基于对 STAR 课程各要素涵义的解读,现将课程要素结构图展示如图 15-1 所示。

图 15-1 STAR 课程要素结构图

　　总之，STAR 课程强调学生自主调查、探究，通过小组协同合作，寻找解决问题的途径，最后收获知识和能力，提升综合能力。

### 三、操作与实施

　　为了认真落实 STAR 课程的精神，进一步推进 STAR 课程的有序开展，本课程实施从以下几个环节展开。

　　第一，从现实情境中发现问题。STAR 课程倡导从学生的兴趣出发，让学生面对真实的事物，留心观察身边的事物和现象，从现实的学习和生活情境、大自然和社会中发现感兴趣的问题，用理性思维加以思考提炼，整体把握事物的总特征，以形成有价值、有意义的活动主题。

　　第二，协同合作开展调查研究。确定活动主题后，学生以小组为单位开展实践探索。小组成员由性格、爱好、特长不同的学生组成。在活动中，组长负责统筹规划，在各成员根据自身的兴趣和优势主动承担任务的基础上，确定活动分工。在活动过程中，小组成员积极发表个人见解，为活动出谋划策，随着一个个问题的解决，学生主动学习的能力、积极发表观点的能力、思维创新能力都会得到不同程度的提高。

　　第三，综合运用知识解决问题。STAR 课程鼓励学生在各学科学习的基础上，综合运用各类知识解决问题。如利用美术、纸雕、编程等学科知识和技能进行创意设计；用数学知识对数据进行整理和分析；用科学思维和知识来解决在生活中发现的各种问题，提出假设并以实验的形式加以验证，得出结论。在活动过程中，教师要引导学生积极思考、拓宽思路，尽可能地运用多学科的知识和技术来拓宽活动广度和深度。

　　第四，积累实践经验形成研究成果。在学生主动探究、协同合作、利用各学科知识解决问题的同时，活动的各项成果也逐渐显现出来，包括对活动过程的记录、研究结果的整理、亲身体验的感受以及在活动中获得的成长，学生及时将这些有形和无形的成果进行梳理归档，形成内容丰富的研究成果。

### 四、案例与分析

　　STAR 课程是我们在学校综合实践活动课程的基础上开发设计的。以我校中年级开展的《老家·河南——名人名事》为例，具体介绍 STAR 课程的操作与实施。

　　第一阶段：清明时节，学校组织开展"清明祭英烈，寻找家乡的战斗英雄"活动。在活动中学生发现，经常活跃在电视荧屏中被称为民族英雄的岳飞竟然也是河南人，但是知道这一信息的人却不多,发现这个问题后,学生在教师的引导下梳理想要研究的问题,并确定活动主题《老家·河南——名人名事之岳飞的研究》。

第二阶段:学生在老师的引导下,整理出了几个小课题:岳飞的详细信息、岳飞的故事、岳飞的作品、岳飞的战功。学生根据自身的研究兴趣和特长在班级内组成了研究小组,在组长的组织下全员讨论制定活动方案,确定小组分工,开始开展各种实践活动。在活动过程中,大家根据任务的不同各自通过上网、查阅书籍的方式来搜集大量的人物资料,在所有成员的讨论中进行筛选整理,提取有效信息。整个实践活动既有合作也有分工:语言表达能力强的学生主动承担采访的任务,思路清晰、问题意识强的学生根据小组需要进行调查问卷的设计制作;有语言、美术特长的成员主导设计小组简介和手抄报,信息技术能力强的学生负责本组活动的照片、视频的采集和 PPT 的制作。在活动中,小组组长重视每一个学生的参与和合作。

第三阶段:学生在学校各学科教师和家长的共同指导下开展活动。如在语文、美术、综合实践活动等老师的指导下设计出内容全面又精美的《小组简介》,在此过程中,学会利用各个学科的知识来完成活动任务;三年级的学生主动到学校计算机教室求助信息技术教师,在其指导帮助下,学习上网搜集资料,并根据本组的研究子课题整理为文档文件,全面了解岳飞的详细资料;为了掌握身边的人对岳飞的了解程度,学生在组内自己设计调查问卷,对学校里的学生、老师、家长和社区里的居民进行问卷调查,并在数学老师的指导下进行数据统计,经过老师的指导,总结出调查结果;为了能更加近距离地了解岳飞,有的学生在父母的陪伴下亲身到安阳汤阴县岳飞庙、河南省博物馆等与河南历史文化相关的场所进行考察探究,亲身体验考察的过程,以图片、视频和文字的方式记录所见所闻;研究"岳飞的故事"的学生学习编写剧本,根据组员特长分别担任编剧、摄影、服装道具设计人员,编出课本剧进行拍摄,在这个过程中,亲身体验各种职业的工作。

第四阶段:在整个实践活动中,小组成员团结一致,在分工合作的基础上,通过考察探究、设计制作和职业体验等方式,亲历实践过程,对研究所得进行总结,最终得出丰富多彩的研究成果。

**五、点拨与提示**

STAR 课程强调以学生为主体,重视学生的主动探究和亲身体验,重视各个学科的融合学习，在实施时应该注意以下几点。

一是内容的开发、活动方式的选择和评价方案的制定都要求从学生的成长需求出发，既保证活动的趣味性，也要保证活动的有效性。

二是要充分利用周边资源，包括社区文化资源、周边场馆和大学院校的资源等。

三是本课程涉及到很多校外考察探究及体验活动，要做好各项活动的安全预案和学生的安全教育。


（创意单位：郑州市金水区银河路小学　撰稿人：王琳　张玉英　张楠）

# 创意设计 16

## "Try+ "课程：以尝试为中心的跨学科学习

"Try＋"课程由尝试讲述、尝试思考、尝试探究、尝试创造四个要素构成。"Try＋"课程以跨学科学习为载体，围绕"尝试"这一核心逐步实施，学生根据自己感兴趣的内容在班级或组内尝试讲述，在此基础上积极思考课程相关问题，通过调查、情景体验或社会参与等形式深入探究，以小组合作为组织形式尝

"Try＋"课程要素结构图

试创造。"Try＋"课程让学生在不断尝试中体验课程的趣味性、挑战性、新颖性，是一种有生成性的课程，也是跨学科的学习过程。

郑州市金水区黄河路第三小学建于 1963 年,有 56 年的办学历史,现有 34 个教学班。学校以"三味教育"为教育哲学,从"三味课堂""滋味学科""品味节日""趣味社团""美味之旅"等五方面入手,以优秀传统文化涵养品质,以崇尚智慧的方式启迪心灵,让每一个孩子享受学习的盛宴,见证每一个孩子有滋有味的成长过程。

由此设计"Try+"课程,以跨学科学习为载体,力求丰富学校综合实践课程,引导学生在课程中勇于尝试,在尝试中实现知识和能力的自我超越,成为具有家国情怀的"仁、智、勇"品质少年。

### 一、"Try+"课程的缘由与原型

学校综合实践活动课程是基于儿童身心发展特点及学生学习需求,密切联系生活实际和社会发展现状,在教师的指导下,由学生自主尝试,综合应用跨学科知识的学习活动。

源于课程指导纲要。2017 年教育部发布《中小学综合实践活动课程指导纲要》,明确了综合实践活动课程的课程性质与基本理念、课程目标、课程内容与活动方式、学校对综合实践活动课程的规划与实施等内容。《指导纲要》"着力强调综合实践活动课程是基础教育课程体系的重要组成部分,该课程是培养学生综合素质的跨学科实践性课程,具体内容以学校开发为主"[①],旨在让学生在尝试中学习,在体验中成长。

源于国家基础课程。综合实践课程不是其他课程的辅助或附庸,而是在国家基础课程上延伸出来的,具有等价性与互补性,有着自己独特教育功能的课程形态,代表着学校基础教育领域课程体系结构性的突破。

源于学校文化建构。学校坚持以"三"字文化为依托,以宽广深远、富有活力的"盛宴式课程"为载体,注重鼓励学生主动参与、大胆尝试、勇于创造,着力打造丰富学生知识、提升学生能力、培养学生品格的综合实践课程。

学校为给予学生更多自主选择和尝试的机会,提升学生综合素质,自主研发了丰

---

① 教育部. 中小学综合实践活动课程指导纲要.[S].北京:北京师范大学出版社,2017,1.

富多样的课程,如：魔术气球、沥粉画、巧手布艺拼布、魔法粘土等。这些课程力求满足不同年级学生的学习需求,考虑到学生的不同兴趣,充分调动了学生的积极性,给予了学生更多的参与空间,在教师的适当引导下,学生对课程中所需的资料、活动内容、开展形式等自觉主动思考,大胆尝试实施,形成了自主设计、自主探究、自主评价的良好形态。

基于此,学校形成了以尝试为中心的跨学科学习课程——"Try＋"课程。

## 二、"Try+"课程的创意与命名

"Try＋"课程,结合学校学生的实际学情和综合实践课程的实施情况,引导学生在课程实施过程中进行尝试与体验,关注学生在学习和活动过程中进行思考与探究,以学生尝试为主进行设置与实施。

### (一)"Try＋"课程的创意

"Try"由三个意义不同的单词组成："T"即为"try",表示尝试,指学生主动尝试做；"r"即为"research",表示学生对活动主题的探究、调查；"y"即为"youth",表示少年学生,这里指课程活动的主体；"＋"表示课程的融合和拓展,也包含课程实施领域的广泛性。"Try＋"课程旨在让学生在课程实施中不断尝试,在尝试中体验课程的趣味性、挑战性、新颖性,在体验中享受学习的过程。

### (二)"Try＋"课程的理念

"Try＋"课程以"勇于尝试、深度探究、以生为本、融合创新"为课程理念,注重学生尝试过程,着重培养学生在尝试过程中的应用意识和创造能力。"勇于尝试"是指充分考虑学生的主动性,教师在课程中引导学生主动参与,大胆尝试；"深度探究"是根据学生收集的资料和课程开展所需的相关知识,提出可研究性的话题,进行深度探究；"融合创新"是指课程打破单一学科局限,实现多学科融合,在实施的过程中多方面激发学生的创新意识,使学生的创造能力得到锻炼和提升。

## 三、"Try+"课程要素与操作

"Try＋"课程以学生的尝试性学习为切入点,借助学生的生活体验开展课程活动,鼓励学生大胆尝试、实施,既引导学生学会合作探究,又锻炼了学生自主学习的能力。

### (一)"Try＋"课程的构成要素

"Try＋"课程让学生走进生活,自主探究,大胆创新,在尝试中体验生活滋味,发展学生的创新实践能力,培养学生的应用意识和良好的个性品质。因此,我校"Try+"课程的构成要素定为:尝试讲述、尝试思考、尝试探究和尝试创造。

1. 尝试讲述

尝试讲述即学生从自然、社会和学生自身生活中选择和确定探究主题,讲述所要开展的课程的相关资料;也可以是学生在参与课程的过程中,向同伴或他人讲述学习或活动的过程,简单来说,就是将自己的所见、所闻、所为,尝试讲述出来。

2. 尝试思考

尝试思考即学生主动参与,在讲述的基础上,提出有价值的问题并确定课程目标。在课程的环节设计、课程的评价体系、课程的价值引领等方面进行开展前、开展中和开展后的思考,教师适时引导学生对课程实施过程进行探究。学校综合实践课程中的活动环节由学生根据自身需求和实际情况进行讨论、设计,对于课程预期达成的目标、课程中可能出现的或急需解决的问题能主动思考,有自己的看法。

3. 尝试探究

尝试探究即学生针对发现并提出的问题进行深入探究,探究方式多样化。教师要为学生提供有效的跨学科知识支撑,提供良好的探究环境,让学生在真实活动中进行情景体验,在模拟情境中见习、实习,或走出教室参与到社会活动中,从而丰富学生的生活经验。通过尝试探究,使得课程实施过程更加科学,课程价值更加明了。

4. 尝试创造

尝试创造即重视学生在课程中知识的学习和丰富,关注学生创造意识的培养和创新能力的提升。鼓励学生在原有课程内容的基础上进行创造,充分体现学生的主观能动性,倡导学生提出新思路、新方法。也就是说,这里的创造不仅是做法的创造也可以是思维的创新。学校的综合实践课程注重激发学生的创造力,比如学生在"神奇的魔术气球"中创造出不同的气球造型,在"知味坊"中创造出融合中华传统文化或学校LOGO 的烘焙作品。

**(二)"Try+"课程的操作**

"Try+"课程的操作过程突出呈现学生主动尝试这一特点,紧扣课程要素,体现学生由浅入深的学习过程,由知识的丰富到能力的提升的过程。

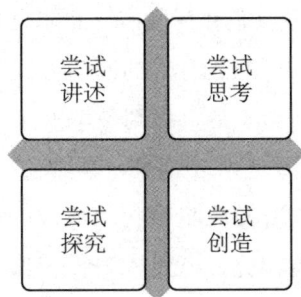

图 16-1 "Try+"课程要素结构图

1. **尝试讲述，形成主题**

综合实践课程不同于一般学科课程，它的自主性、实践性、开放性、整合性、连续性原则决定活动主题的选择也应该是多渠道、多样化的。因此"Try+"课程的主题是在教师的引导下学生自主选择、确定的。

确定主题时，学生会从"学科教材、自身校园生活、接触的自然和社会、学校特色"中发现、选择，将有意向的内容整理后，在班级内或小组内进行讲述交流，讲述时注意提取主要信息，结合教师或同伴们的意见，充分考虑主题的可研究性和可执行性。

2. **尝试思考，确定目标**

综合实践课程总目标是让"学生能从个体生活、社会生活及与大自然的接触中获得丰富的实践经验，形成并逐步提升对自然、社会和自我之内在联系的整体认识，具有价值体认、责任担当、问题解决、创意物化等方面的意识和能力。"①

学生在教师的引导下主动思考、确定"Try+"课程的目标是以学生的全面主动发展为基本价值取向，密切联系生活与实际，推进学生对自然、社会和自我的内在联系的整体认识与体验，发展学生的创新能力、实践能力以及良好的个性品质。在确定目标的过程中，学生之间认真思考，耐心讨论，交流协商，力求使目标全面、具体。

3. **尝试探究，深入学习**

主题和目标确定后，学生设计具体的探究方法，进行深入学习。探究可以借助资料查阅和调查等方式进行。查阅资料是学生发现问题和解决问题的重要手段，也有助于

---

① 教育部.中小学综合实践活动课程指导纲要.[S].北京：北京师范大学出版社,2017:3.

"学生养成敏锐的信息意识,形成收集并利用信息的能力和信息道德"①。而调查"是综合实践活动课程学习过程中最常用、最有效的活动方式"②。通过调查,可以更深入地了解与主题相关的资料及现状,调查的数据则是学生深入分析和学习的有效依据。

教师在"Try+"课程中,指导学生掌握探究学习、查阅调查等方法,探究活动需要解决的问题或新生成的问题,在查阅收集资料的过程中得到启发,引发自身对活动内容或问题的深入思考,从而继续探究。另外,"Try+"课程也极具跨学科性,不同学科内容的交织既为学生进行深入探究提供了辅助性资料,又激发了学生思维的活跃性,引发学生在探究的过程中出现新的思路,生成新的探究问题,而新思路和新问题又会继续推动学生综合实践学习的深入。

4. 尝试创造,分工合作

"Try+"课程以小组合作为主要组织形式,鼓励个人在独立思考和解决问题的基础上学会合作,鼓励学生与他人积极交流分享。"Try+"课程的小组合作,不仅仅是为了完成既定活动目标,解决既定活动问题,更是为了在合作过程中生成新思路、新方法,通过分工合作,创造新的作品。

"Try+"课程在时间和空间上能够给予学生更多开放性,在活动内容和形式上能够满足各年级学生的学习需求,在知识上更具学科融合性,增加学生知识的广度和深度,丰富其层次。

### 四、"Try+"课程案例与分析

"Try+"课程基于学生的学习、生活经验,通过跨学科相关知识与内容的运用,拓展、整合教育资源,着力发展学生的应用能力和创新能力。现以我校《神奇的魔术气球》为例,进行具体说明。

### 案例:神奇的魔术气球

我校《神奇的魔术气球》课程充分体现了学生"尝试"的特点,且体现着让学生跨学科学习的理念。气球成品的颜色搭配、美观程度需要美术学科知识的指导;气球成品

---

① 综合实践活动课程指导[N].郑州:海燕出版社,2016:84.
② 同上,71.

组成部分的形状、大小或一些测量数据离不开数学学科知识的运用；气球的吹气、材质等又少不了科学学科知识的辅助。魔术气球课在实施过程中，主要是在专业老师的指导下，学生深入了解魔术气球编制的艺术，认识所用的各种材料和工具，学会基本方法，能够独立设计、制作自己喜欢的、有个性的气球造型，以及一些大型活动的布置、展演，通过气球造型的欣赏、学习、设计和制作过程，使学生形成自有的、独特的思维模式，具有个性的创造能力并能更好地应用在各种社会实践中。

学生在魔术气球课中，不是被动地"学"，而是主动地参与，本课中的每一环节都能体现学生的主体地位，从设计到创作，都是学生在尝试中进行。具体活动步骤如下：

步骤一：学生在已有的生活经验中，通过对具体事物的观察，结合魔术气球的特点，尝试讲述两者之间的联系，明确自己要做什么，为进一步设计造型做好铺垫，教师也会让学生找生活中的实物，通过观察、交流、思考，了解其特征。

步骤二：学生在小组内思考讨论，明确制作目标、制作方法、注意事项、各自分工以及预期完成效果。

步骤三：学生在上每一节课前都会查阅相关资料，也会咨询相关手艺人或教师，了解制作方法或技巧。在课程中会结合资料和相关学科知识不断尝试，遇到问题组内研讨、探究或请教老师积极解决，并将遇到的问题或发现的新方法记录下来，进行分享交流。

步骤四：气球的可塑性也为学生提供了创造的可能性，综合实践课程本身就注重学生创造力的培养，因此，学生在制作过程中可以尝试创造不同的气球造型，在分工合作中激发创新的灵感。

整个过程体现了学生思考、学生探究、学生执行、学生评价的特点。通过神奇的魔术气球课，学生养成了做事情严谨有序、勇于探究的习惯，感受到 DIY 的乐趣，会创造美、应用美，享受成果带来自我满足感和自我认同感，更加热爱生活。

**五、"Try+"课程点拨与提示**

由于"Try+"课程注重学生的尝试和体验，课程中的大多活动都由学生自主设计完成，因此为保证课程良好实施，现对"Try+"课程的开展提出几点提示。

一是上课或活动前一定要让学生做好充分准备，查阅相关资料，整理活动思路，教师给予指导。

二是本课程适用于所有年级学生,但不同年级在设计课程内容或活动时需结合学生心理及年龄特征,设计活动内容具体梯度,符合学生兴趣。

三是本课程在实施过程中要充分利用社区资源,丰富课程或活动内容。活动中教师要参与到学生中去,但不过多"干扰"学生,应给予学生足够的思考、探究、实施的时间和空间。

四是课程评价的主体应该多元化,学生自评和互评应占较大比重。

(创意单位:郑州市金水区黄河路第三小学　撰稿人:郜华　王萌　王永静)

# 创意设计 17

## 3S 课程： 资源导向的跨学科学习

3S 课程围绕社会资源、真实情境、科学方式三个关键要素进行构建。课程注重为学生提供开放空间，创设活动情境，在活动中促进学科融合，实施激励评价。3S 课程带领学生走进大自然，走进社区、场馆；在情境中引导学生观察

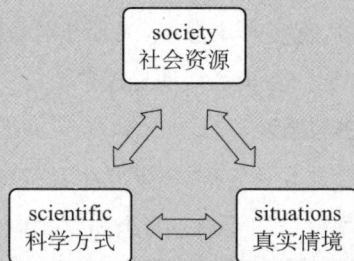

3S 课程的要素模型

猜想、确定主题、制定方案、指导探究、成果交流、总结反思及拓展研究；以科学的方式勾连起各学科知识，让学生在活动中综合运用学科知识与技能；以促进学生全面发展为目标，实施情感评价、自我评价和发展评价。3S 课程秉持着"让学生在生活中学习，让探究真实发生，跨学科整合学习"的理念，以资源为导向，引导学生跨学科学习，以可持续发展的方式发展学生对生活的理解、创造和实践能力。

课程是学校实现自己教育理想,培养人才的载体和手段。郑州市金水区经三路小学围绕"播种快乐,静待花开"的办学理念,在"向着快乐出发"课程理念的指引下,建构了具有学校特色的"太阳花课程"体系。综合实践活动课程作为国家课程、必修课程,成为课程体系中不可或缺的重要一环。综合实践活动课程以活动的形式呈现,为学校、教师、学生打开了面向社会、面向实践、面向学生生活的大门。学校带领师生走出教室,走向大自然和社会,结合学校科技特色、地方特色、校本特色,以综合为特征,以实践为核心,以活动为载体,以培养学生创新精神和实践能力为重点,深化课程改革,提升核心素养,促进师生发展,提升办学品质,被评为"河南省实践教育工作先进集体""郑州市中小学社会实践活动先进单位"。

**一、缘由与原型**

现代社会的高速发展,需要学生具备良好的科学素养,这是新世纪对人才的需求,也是教育教学改革的要求。为全面贯彻党的教育方针,推进学生核心素养落地,学校以科技教育为抓手,通过创造性地发掘、利用和整合学校内外丰富的课程资源,构建生成符合学生需求、具有经三路小学特色的科技实践活动校本课程,全面提高学生的科技创新精神,提高科学素养,成为全面发展的人。

经三路小学有着科技教育的深厚底蕴,是河南省科技教育先进单位、郑州市科技教育十佳学校,近年又被评为全国科技教育示范单位、全国气象科普教育基地示范校园气象站。学校毗邻紫荆山公园、省气象局、省环保局、省中医学院。多年来,学校与省天文台、省农林研究所、井水厂、省民航局、省消防总队、武警总队、雷达团等单位形成了良好的共建关系。学校借助周边良好的社会资源,经常组织学生进行环保调查、气象观察、生物研究和社会实践活动,聘请有关单位的专家做校外辅导员,邀请他们走进学校做讲座,亲自指导学生的实践活动。学校还把河南省博物院、郑州市科技馆、郑州市地质博物馆等场馆作为实践活动基地,每年 4 月学校科技月期间,都会组织学生进行相关的科技实践活动。

综合实践活动课程要走向常态化,就要形成相对稳定的课程体系、课程内容。学校经过现状分析与环境资源调查,与师生座谈交流,制定了学校综合实践活动课程整体规划及课程目标,主要以科技活动为主线,进行探究自然、了解社会、认识自我等活动,以培养学生合作、探究等多方面的能力。在活动中,我们一直也在思考,如何拓展课程的深度与广度,形成系列课程,让学生在活动体系中综合提升核心素养? 如何加强课程实施管理,梳理形成活动模块,从而使活动组织更有实效? 如何有机融合各学科知识与技能,让学生在真实情境中学会综合运用? 如何建构具有激励性的评价机制,保障课程的有效实施? 基于以上思考,经三路小学综合实践活动课程——3S课程创意设计应运而生。

## 二、命名与创意

《中小学综合实践活动课程指导纲要》中明确指出,综合实践活动课程是跨学科的实践课程,注重引导学生在实践中学习,在探究、服务、制作、体验中学习,分析和解决现实问题。

学校综合实践活动课程秉持着"让学生在生活中学习""让探究真实发生""跨学科整合学习"的三大基本理念,从学生的身心发展特点出发,结合真实的生活情境,设计学生真正感兴趣且有价值的活动问题,引导学生运用个人已知经验和所学的学科知识展开系统探究、体验和实践,促使学生"在做中学""在创造中学""在体验中学",以可持续发展的方式发展学生对生活的理解、创造和实践能力。结合学校地域优势及课程基础,基于上述课程理念,学校将综合实践活动课程确定为3S课程——资源导向的跨学科学习。

3S课程的"S"来源于课程中的三个构成要素,即 society(社会资源)、situations(情景、场景)、scientific(科学的、系统的)。

## 三、要素与操作

3S课程注重为学生打开通向自然、通向社会、通向生活的大门,让学生通过亲身实践、动脑动手,将知识技能紧密地与生活相结合,锻炼能力,提升素养。

### (一) 3S课程的要素

3S课程的三个关键要素为:社会资源、真实情境、科学方式。要素模型如图17-1所示。

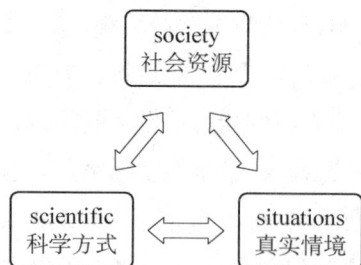

图 17-1  3S 课程的要素模型

1. 社会资源（Resources society）

学校从人文、历史、社会和地理环境等要素入手，挖掘紫荆山公园、经纬广场等地理环境资源及省气象局、省环保局、省中医学院、农林研究所等人力研究资源，为学生开展考察探究活动提供充足的资源和开放性空间。

2. 真实情境（Realistic situations）

课程从学生的真实生活和发展需要出发，创设真实的活动情境，设计以学生为中心的活动问题，促使学生在自主选择、主动参与和深刻体验中实现个性化学习。

3. 科学方式（Scientific related）

课程强调学生乐于探究、勤于动手和勇于实践，注重学生学科知识的整合，引导学生在实践中实现知识点整合和建构、拓展和研究；注重学生在学习活动中的体验和获得，超越单一模式的接受学习，综合开展主题项目探究学习、参与体验学习、研究行走游园式学习等，实现多种学习方式的综合运用。

**（二）3S 课程的操作**

3S 课程坚持"以儿童为中心"的价值理念，让学生成为课程的主体，成为课程的实施者、参与者，而老师则只是该课程的组织者、促进者。课程依据内容确定地点、形式，多元多态实施，包括专项研究、主题活动、项目考察、设计制作，等等。

1. 提供开放空间

3S 课程突破课堂限制，为学生提供开放的活动和交流场所，拓展学生观察视角，将关注点从学校延伸到社区、社会、自然、世界，带领学生走进大自然，走进社区、场馆，让学生在活动中经历体验用学术研究的方式进行探究，使学生在做中学，在学中做，提高文化素养与创新意识,增强实践能力。

2. 创设活动情境

教师在课堂上依据学生的需求,确定活动项目,创设活动情境,引导学生观察猜想、确定主题、制定活动方案、指导探究方法、进行成果交流、总结反思及拓展研究。课外活动强化指导、及时引领,组织学生对自己查找的资料进行分享、整理、设计制作,获得体验,让学生在主动参与中体验乐趣。

3. 促进学科融合

3S课程利用新的技术方式来研究、制作、分享和跨时空学习,以科学的方式勾连起各学科知识的联系,让学生在活动中综合运用学科知识与技能,增强学生的创新意识,提高学生的探究兴趣,开拓学生的思维空间,促进学生多方面的发展。如《我的秘密花园——关于家养植物的研究》《牛奶中甲醛的检测》《微观世界话山药》《气象报警接收机》等实验探究类、动手操作类活动,引领学生经历"观察发现——提问质疑——实验探究——反思评价——提出创想"的过程,使学生在"做"中学会思考、创新,运用语、数、英、科、音、美等各学科知识实现创想。《郑州市内河流水质的调查》《早餐与健康》《雾霾,请远离我们》等考察探究类活动,则带领学生经历"活动主题的提出—探究卡引领下的考察与调查——分享交流——反思评价——拓展设计"等科学探究的全过程,积累活动经验,在调查研究、数据统计、分析归纳中学会独立思考、合作交流,获得成长。

4. 实施激励评价

3S课程的评价以促进学生全面发展为目标,更注重学生的情感评价、自我评价和发展评价。依据发展性、过程性和多元化的原则,坚持学生个体的自我发展,关注学生在实践活动中的体验和经验,尤其是情感精神方面的需求,最大限度地调动学生的积极性,激发学生不断发展的动力。评价主体多元化、评价标准多元化、评价内容与方式多元化,突出学生的主体地位,重视学生自我评估、自我调整、自我改进,在交流互动中,实现学生自评、互评、家长评、教师评相结合的多元评价,提高学生综合素质,培养学生创新精神。评价形式依课程内容而定。评价前制定评价方案,明确评价标准,设计评价内容,制作评价量表;将学生参与活动时的表现作为评价重点,对其在学习活动中的能力、态度、情感、价值观等方面予以综合性评价,采取点赞式评价、积分式评价、争章式评价等多元化评价方式。通过评价,使学生不断认识自我、发现自我、完善自我,激发其内在的发展动力,全面提升综合素养。

**四、案例与分析**

结合学校科技教育特色,学校成立"小小科学院",下设天文学、气象、环保、植物研究所,采取学生自愿报名与考核录取相结合的方式,招收有一定科技兴趣和特长的学生作为"小研究生"。学校相继聘请了一批热心科技教育的本校教师和省环保局、省气象局、省农林研究所、省天文台的工程师、教授、讲师担任"小小科学院"研究所的辅导员,组织、指导学生开展活动。活动深受学生喜欢,因此学校也希望能让更多的孩子参与其中,于是开发了综合实践活动课程《小小科学院》,面向全体学生实施。此课程在开发与实施过程中主要采取以下策略。

**(一)课内外相融合,优化课程资源**

学校作为科技教育先进单位,有着丰厚的课程资源。教师根据学生的年龄特点,引导学生对研究对象进行分层次归纳,开展"走进——"系列活动。低年级"走进自然",走进紫荆山公园、经纬广场、动物园等,了解大自然这部真实、丰富、生动的"百科全书";中年级"走进生活",走进气象局、科技馆、井水厂、地质博物院等,进行气象调查、环保研究,感受生活与科技的关系;高年级"走进社会",学天文、识地理,从宏观到微观,进行探索研究,尝试将创想变为现实。课程拓展学科教材,整合学校已有的活动成果资料,选取学生适宜的活动项目。在课内外相融合的活动中,丰富课程资源,构建学习情境,增进学生的学习体验。

**(二)重视情境学习,增强直观体验**

《小小科学院》通过利用场馆式学习、季节性学习,让学生在实践活动过程中感受知识的价值与学习的魅力,激发学生探究的热情与兴趣。通过创设研究情境,如"小小种植家""居室小气象调查""茶与茶文化""奇妙的指纹"等,指导学生在真实的情境中学习,在具体的场景中发现问题、研究问题、解决问题,使生活成为真实的课堂。

**(三)交叉学科整合,深入科学探索**

在此课程学习活动中,学生要利用所学知识及技能开展实践研究,内容涉及科学、数学、语文、美术、信息技术等多个学科。如"走进自然",以郑州市的天然植物园——紫荆山公园作为实践活动基地,识别一些常见植物及所属类群,了解它们的生态环境和用途。学生走进"神秘的植物王国"，在考察植物种类、制作植物标本、为植物画像、制作叶脉书签及叶贴画等实践活动中，将植物研究与多学科学习相结合，增进了学生学习的乐趣。学生在活动中和植物做朋友，合作体验"玩植物"的快乐。活动打破了学科之间的界限，以生活中的现实问题或事物为实践的中心，在综合性实践活动中增进各学科知识与技能的融合学习。

**（四）实施反思评价，促进自主发展**

《小小科学院》采用"自我参照"标准，引导学生对自己在活动中的各种表现进行"自我反思性评价"，强调师生之间、同伴之间对彼此的个性化表现进行评定、鉴赏。在活动的不同阶段，将学生的所见、所闻、所思、所想、疑问、收获等具体成果进行分享，或以学生喜闻乐见的形式安排展出，让学生感受成功、体验喜悦、协作共勉。通过评价促进学生的发展，促进学生的潜能、个性、创造性的发挥，使每个学生具有自信心和持续发展的能力。评价分为实施前、实施中、实施后评价，包括自评、互评、师评及家长评价，将活动过程与成果展示相结合进行综合评价。学校通过科技节等多种活动，建立小组活动报刊、活动剧团、创想工坊，为学生提供交流展示的平台，由学生自发组织对成果进行宣传推广。分年级、班级进行不同的主题展示，如五一班的水车模型、五二班船，五三班的牙签创意作品，五四班的航模作品，五五班的旋转风车；四年级的未来太空学校，等等。组织学生参加全国青少年科技创新大赛、物联网创意设计大赛，让学生在更为广阔的空间中历练成长。

**五、点拨与提示**

为保障课程的有效实施，应注意以下几点。

一是提前做好课程规划，制定活动方案和评价方式，学生可提前查阅相关资料，做好探究准备。准备过程包括提出问题、选择课题、确立课题、成立小组、制定活动计划。

二是教师全程根据活动方案，组织学生进行活动，引导学生边走边学，在活动的过程中做好观察、思考、记录、整理。

（创意单位：郑州市金水区经三路小学　撰稿人：李庆欣　付晓蓓）

## 创意设计 18

## Magic 课程：创意物化导向的融合课程

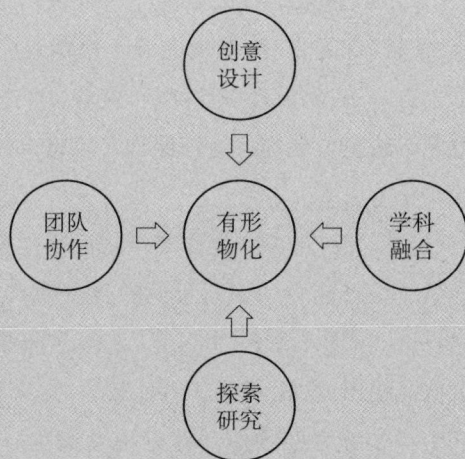

Magic 课程要素关系图

Magic 课程是在"创意物化导向的融合课程"这一理念指导下，由创意设计、学科融合、探索研究、团队协作、有形物化五大要素构成，围绕"基于生活、产生创意，探索研究、形成方案，优化分组、协作实施，有形物化、生成成果"四个环节来进行学科融合和课程实施的。Magic 课程基于生活经验产生创意设计，在探索研究和团队协作的学习过程中实现创意的有形物化，形成由创意物化导向的融合课程。

郑州市金水区纬五路第二小学建于 1954 年,地处中原腹地,比邻区域行政文化中心。在厚重的历史文化传承中,学校面向未来,革故鼎新,以"暖教育"为哲学,以"把学生放在学校教育正中央"为核心理念,秉持培养具有"阅读力、思辨力、创新力、领导力的未来好少年"这一育人目标,致力于开设凸显学校办学特色、提升学生核心素养的综合实践活动课程,以期学生在广袤的课程田园里得到更温暖的滋养。

**一、Magic 课程的缘由与原型**

自 2007 年起,我校为开拓学生视野,满足学生个性发展需求,基于学校教师资源,开设了特色综合实践活动课程《珠趣》。该课程起源于串珠这门艺术,以学生看图、动手操作为主要内容,由学生自主选择、设计串珠样式,接着,小组合作进行制作,最后的成品用于日常使用、随身佩带或室内装饰。这门课程可以将自己的创意转变为精美实用的饰品和摆件,因而深受学生喜爱。

随着时代发展和科技进步,单纯的手工操作类课程已不能满足现阶段学生的学习需求,学科融合对于培养具备综合能力和创新意识的儿童而言,显得尤为重要。为了更好地落实学校的育人目标,我们以《关于"十三五"期间全面深入推进教育信息化工作的指导意见(征求意见稿)》提出的"探索 STEAM 教育、创客教育等新教育模式"为契机,以 2017 年发布的《中小学综合实践活动课程指导纲要》中指出的"小学阶段的'创意物化'具体目标"为导向,以"校园 AIC·人工智能中心"开发的《Mbot 机器人》《好玩的编程》《鸟瞰世界》《3D 打印》《乐高拼搭》等相关课程为基础,提炼出 Magic 课程。

**二、Magic 课程的创意与理念**

Magic 本意是神奇的、具有魔力的,其中 M 是指 Materialization(物化),A 指 Amalgamate(融合),G 指 Grope(探究),I 指 Inventness(创意),C 指 Cooperation(合作)。

Magic 课程以"创意物化导向的融合课程"为理念,倡导造物,鼓励分享,在真实情境中发展计算思维,提升逻辑思考能力,促进团队协调能力,综合运用多学科知识与能力,实现价值体认、责任担当、问题解决、创意物化的目标,体验梦想变成现实的

"魔力"。

### 三、Magic 课程的要素与模型

在"创意物化导向的融合课程"这一理念指导下，我们提炼出 Magic 课程五个要素：创意设计、学科融合、探索研究、团队协作、有形物化。如图 18-1 所示。

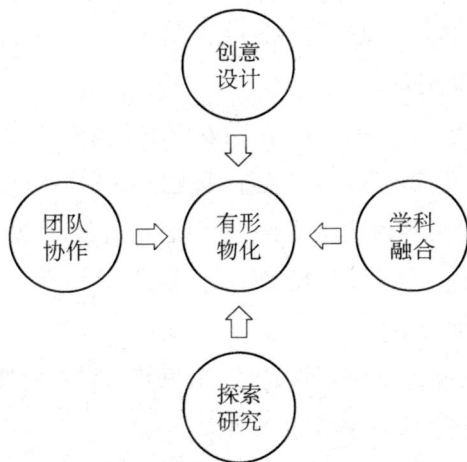

图 18-1　金水区纬五路第二小学 Magic 课程模型

创意设计：在信息爆炸的时代，学生在积累了一定的知识与经验后，遇到熟悉的生活场景往往会产生天马行空的想法。我们尊重并保护学生的创意，激发学生的创造潜能，引导他们萌发最初的创意设计。

学科融合：创意物化具有复杂性。Magic 课程强调以多种学习方式和内容促发学生建构多学科融合的知识体系，提升解决复杂问题的能力。

探索研究：Magic 课程倡导学生在学习过程中发现问题，在解决实际问题的情境中搜集、整理资料，运用学习资源和已有经验寻求将创意设计变为现实的方法。

团队协作：编程、创客、机械操作等人工智能类课程在引导学生进行造物的过程中，需要充分发挥团队协作的力量，组织学习小组，做好组内分工，让小组成员在任务驱动下各司其职，有效配合，共同解决学习过程中难度较大、较复杂的问题。

有形物化："造物"是源自真实世界的需求。Magic 课程着重用三维建模软件，设计一些与学习、生活相关的物品，运用常见的、与小学生能力相匹配的信息技术解决实

际问题,服务于学生的学习和生活,将创意转化为可视的有形成果,在这一过程中体会课程带来的神奇与魔力。

### 四、Magic 课程的操作与实施

知识不仅是通过教师传授得到的,更可以是学习者在一定的情境下,借助他人(包括教师和学习伙伴)的帮助,整合运用海量学习资料进行信息处理,综合运用多学科知识与技能,从而获得有形的学习成果。Magic 课程的操作流程如下。

#### (一)基于生活,产生创意

生活体验是创意产生的基础。由生活引发思考和探索、解决现实生活问题是学习的根本点。在产生创意的过程中,学生通过观察生活中的事物,在教师帮助下提炼其内在联系和本质规律,在将各种设计元素有机融合的过程中,提升自身的思考力,形成"观察——思考——分析——设计"的创意设计思路。

#### (二)探索研究,形成方案

在课程实施过程中,学生是学习的主体。教师作为资料的提供者和探索研究的引领者,与学生共同研讨学习目标,确定学习方向,再由学生综合运用多学科素养对海量资料进行分析处理。通过参阅文献、调查访问、分析事例等方式,最终梳理面临的问题,形成解决方案。

#### (三)优化分组,协作实施

根据学生的兴趣点、特长和学习水平的差异进行优化分组,每组设立组长,各小组明确本组的任务。在具体实施过程中,教师为学生提供技术及课程资源的支持,发挥协调、指导的作用。

#### (四)有形物化,生成成果

创意的有形物化是学习与实践的目标。在 Magic 课程的实施过程中需要综合运用数学、计算机等多门学科知识以及 3D 打印机、测量工具等,在设计制作时还需要对自身艺术素养、空间建构能力的调动。在这样学以致用的造物过程中,学生的学习兴趣得以激发,学科知识得以运用,实践能力得以提高,最终将创意物化为有形成果。

### 五、Magic 课程的案例与分析

我们在 Magic 课程的探索与实践过程中积累了一些经验和做法,下面以《3D 打印——我的城市生活》课程为例具体阐述。

**（一）热议电影，萌生创意**

一部电影《流浪地球》引发了同学们热烈的讨论，他们被电影中的地球惨状所震撼，于是想以"流浪郑州"为主题，把电影场面融入他们熟悉的城市环境中。经过一番讨论，他们决定用 3D 打印技术将城市地标打印出来，以实现这一想法。

**（二）走访调研，产生方案**

在老师和家长的带领下，学生走访了大玉米、河南博物院、中原福塔三个郑州的地标建筑，并进行现场的写生。通过采访管理人员，搜集网络资源，了解建筑本身的文化内涵、建造过程以及各项测量数据。经过共同讨论，大家形成了初步的实施方案，内容包括任务分解、小组职责、展示形式等。

**（三）小组分工，团队协作**

各小组在组长的带领下，明确本组任务。各小组将建筑物用计算机等比例缩小形成建筑物的 3D 设计图形，熟练运用打印软件进行零件的打印与拼装。

**（四）完成作品，汇报展示**

学生为"流浪郑州"作品撰写解说词，辅以 PPT、背景音乐等进行校内展示，并制作成小视频，通过学校公众号等网络媒体宣传，呼吁大家保护我们共有的家园。

在这个过程中，学生探索如何实现优质分组，有效处理信息，运用科学的研究方法，增强了探究能力和创新意识。对于那些活动过程中较难解决或解决不了的问题，通过向老师、家长、互联网求助，更好地感受团队协作的力量。总之，学生在课程中经历了创意产生设计、探索寻求方法、研究引发思考这一过程，从而有了成果最终的物化，体现了 Magic 课程的理念与要素。

**六、点拨与提示**

作为以创意物化为导向的融合课程，Magic 课程在实施过程中需注意以下几点。

一是课程结构系统化。Magic 课程应注重构建一体化的系统课程结构，在充分调研分析的基础上，科学设置课程内容、课程安排和课程资源，以构建起能够满足学生学习需求、践行课程理念的课程体系。

二是学习方式多样化。在将创意物化的过程中，我们应综合采用实地参观、小组调研、线上线下共学等学习方式来形成创意方案、观察建构模型、操作计算机等。

三是学习资源整合化。从时间、空间、人员、技术四个方面进行课程资源的整合。

在时间方面,我们采用集中授课和小组学习相结合的安排;在空间方面,我们将创客教室、计算机教室和科学教室按需使用;在人员方面,我们在学校师资的基础上,聘请专家走进校园,挖掘家长资源;在技术方面,关注相关主题的网络资源的搜集与学习,如微课、网络公开课等。

四是评价方式综合化。Magic 课程可采用定性评价与定量评价相结合的方式,注重评价的导向作用。如:学分制评价,将课程内容分为模块,每完成一个模块学习得 2 个学分,每成功完成一个小练习得 3 分,每进行一次以小组为单位的探究活动并将成果汇报展示得 5 个学分,学期末根据积分评选出"创意小能手""操作小能手""最佳团队"等。

通过创意物化,将课程进行有机融合,通过课程融合,促多种学习方式的实施,通过多种学习方式的实施,发挥综合实践活动课程的神奇力量,最终使学生的综合素质得以提升,迎接智能时代的挑战。

（创意单位：郑州市金水区纬五路第二小学　撰稿人：朱梦思　樊怡丽）

## 创意设计 19

### P5 课程：以项目为中心的场景化学习

P5 课程由众人与团队、情境与空间、项目与课题、实践与体验、提升与改进五大要素构成，即通过跨学科深度融合，学生以小组和团队的形式在场景中开展项目式场景化学习，综合应用各学科的知识，发

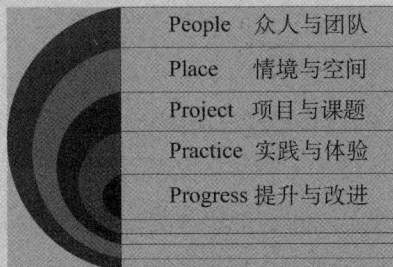

| People | 众人与团队 |
| Place | 情境与空间 |
| Project | 项目与课题 |
| Practice | 实践与体验 |
| Progress | 提升与改进 |

P5 课程五大要素结构图

现并提出问题，分析和解决问题，通过自身实践，体验生活乐趣，感悟生活智慧，提升生活能力，获得综合素养的提升。P5 课程强调学生的主动参与、全员参与，鼓励学生动手动脑，关注学生在场景化学习过程中的实践经历、实践体验和实践获得。

郑州市金水区艺术小学一直秉持"初之所予、艺美人生"的办学理念,坚持以课程为统领,以美育德、以美增智、以美启能,在促进学生全面发展的过程中培育特色、铸造品牌。学校开展的综合实践活动课程着眼未来,内容丰富,形式多样,将项目式、场景式、体验式的学习活动融入其中,引导并帮助学生在实践探究中获得综合素养的提升。

## 一、缘由与原型

项目式课程是以学科的概念和原理为中心,在真实世界中借助多种资源开展探究活动,并在一定时间内解决一系列相互关联着的问题的一种新型的探究性学习模式。这种学习方式促进学生的完整发展,尤其是合作交往、创新意识、实践能力等方面的培养。这种学习方式让每一个学生都参与进来,包括教师、家长和社会指导人员。它强调跨学科整合,以生活世界为内容,通过创设真实复杂的现实场景,淡化学科边界,统整学科内容。综合实践活动课程内容广泛,主体多样,最有利于开展项目式学习。

学校多个学科都开展过校园易物"跳蚤市场",单一学科的售卖活动主要是让学生通过货品交易来进行计算的学习,英语口语的训练等,在活动中,虽然学生对这样的商品售卖活动兴致高涨,但学生交流范围小,训练目的单一,学生的综合能力得不到很大的提高。为了让学生在生活化的学习场景中培养其适应终身发展和社会发展需要的必备品格和关键能力,我校将几项综合实践活动主题进行学科整合,使"跳蚤市场"首次成为符合学生自身需求的项目式课程,即《发现商业的秘密》。接着,学校进一步设计规划综合实践活动课程结构,旨在通过合作、探究、服务、制作、体验等方式,培养学生勇于探究、实践创新、勤于反思、团队合作等能力。

## 二、创意与命名

《中国学生发展核心素养》框架中提出学生的"责任担当",明确要求学生应具备团队意识和互助精神,并能尊重世界文化的多样性和差异性,积极参与跨文化交流。同时,学会学习、实践创新能力、开发高质量产品的能力或生产力,也是 21 世纪学生发展的核心素养内容。如何落实这些核心素养,开展项目式学习是一条重要途径。学生在项目探究过程中,需要综合应用各学科的知识,发现并提出问题,分析和解决问题。它强调学生的主动参与，全员参与，鼓励学生动手动脑，关注学生学习过程中的实践经历、实践体验和实践获得。为了让学生达到深度学习，课程为学生创造了二次习得时机，给学生一次提升改进的机会。基于此，P5 课程应运而生。

图 19-1  P5 课程五大要素结构图

P5 课程，包含着五大要素。即众人与团队（People）、情境与空间（Place）、项目与课题（Project）、实践与体验（Practice）、提升与改进（Progress）。此课程理念为：以项目为中心的场景化学习。

### 三、要素与操作

P5 课程关注参与的学生主体，强调将多种课程进行深度融合，为学生创设真实场景，让学生在探究中达到深度学习，在生活情境中学习，通过自身实践，体验生活乐趣，感悟生活智慧，提升生活能力。P5 的五大要素和操作模式如下。

#### （一）P5 课程的五大要素

P5 课程激发学生主动学习的欲望，学生的好奇心、创造力在实践中得到释放，学生在自身实践探究中获得较全面的学科知识，能力得到真正提升。P5 课程的五大要素内涵为：

People 即众人与团队。研究性学习的指导者是来自不同学科的老师。在开展学习的过程中，多学科知识的融合能够满足研究性学习对多元知识的综合要求，突破单一学科的限制。面对问题时，更迅速的团队反应和集体智慧的优势，往往能最终形成出人意料的解决方案。

Place 即情境与空间。灵感的迸发往往产生于自由、灵活的学习情境中。在研究性学习中，学习空间的布置和选择可以根据不同的学习内容进行相应的调整，创设真实情境,提高学生解决实际问题的综合能力。

Project 即项目与课题。采用项目的形式组织教学内容,便于跨学科的资源整合,将理论知识与现实世界的场景紧密结合,便于知识的迁移应用,从而激发学生研究的兴趣。

Practice 即实践与体验。研究性学习是一个动态的过程,通过实践实现的自我体验和自我感悟,有效地实现了思维与技能的统合,提高学生的综合素养。

Progress 即提升与改进。过程性评价有助于教师了解学生在学习过程中的思维过程与表现,帮助教师及时修正学生的错误行为以及调整教学活动。研究性学习,重视学生的学习过程,重视学生在学习中的体验,充分发挥导向作用,并对学生学习全过程进行观察、记录、反思而作出相应的动态评估。

**(二) P5 课程的操作模式**

1. 形成团队合力,促进合作学习

P5 通常要求学生以小组的形式开展探究活动,因此,彼此之间必须形成关爱、尊重、理解和同情的情感关系,发展组建小组、小组活动和交流思想这三种最基本的社交能力,才能真正有效地解决研究问题。P5 课程的学习方式可以让学生从独立学习到合作学习,从间接知识学习变为直接知识学习。

2. 整合多重资源,打造项目学习

项目化学习是核心素养的必经学习方式,P5 课程将主题活动进行了跨学科的多重资源整合,设计项目式课程。P5 课程项目更加关注过程,关注孩子的学习过程,指导学生完善过程,真正学会每一个知识点,踏实走好每一步,自然而然达到预期结果。P5 课程的项目式学习鼓励学生探究和解决真实的、复杂的问题,并从中获得知识和技能。

3. 创设场景体验,注重体验学习

学习过程如果脱离了真实场景,学生就难以建立学习与生活的连接。P5 课程为学生创设实践场景,从而直观地、富有意义地、快乐地理解知识或发现问题乃至创造知识,把知识还原到现实场景中,会使学生直观感受到知识的原始形式,增强感受力,理解力,创造力,进一步激发学生的学习动机,提高学习效率。

4. 反复实践提升,促进深度学习

深度学习是培养核心素养的重要途径,是落实核心素养的重要路径。P5 课程的项目式学习周期是两年，每年各占用一个学期，给予学生二次参与主题活动的机会。采用过程性评价和综合性评价相结合的方式，第一次实践结束后进行过程性评价，注重反思，根据活动中的得失确定下一次活动的改进方案，给予学生二次探索的机会，使学生真正学会学习，达到深度学习的目的。

**四、案例与分析**

结合 P5 课程的内涵与要素，学校设计整合了一系列综合实践活动课程。下面结合《发现商业的秘密》这一主题活动，具体阐述 P5 课程的实施情况。

**（一）团队参与发挥聚合效应**

活动中参与的群体是全校师生，五、六年级学生是售卖货品的主体，学生自由组合成立创业小组，一至四年级学生和所有老师是顾客的主要来源，综合实践、美术、语文、数学等多个学科老师参与指导。语文学科的商品买卖口语交际、美术学科的营销海报及创意店面设计、数学学科的理货对账清单核算、综合实践学科的活动方案研究等多学科学习内容，在同一研究性学习项目中，有效地实现了融会贯通，生生合作与师生合作无处不在。

**（二）真实场景还原生活实际**

校园里模拟现实集市，学生版的个性特色商家、琳琅满目的商品、熙来攘往的顾客，在这样自由热闹的气氛中，进行物品的询价与议价、货品的配送与整理、利润的计算与分配等商业行为，为学生的学习提供了自然贴切的场景，使孩子在这样的环境中通过自身的观察、体验与实践去发现商业的秘密所在。

**（三）项目学习落地核心素养**

《发现商业的秘密》以多样化的创业项目开展项目式学习，学生要全方位地考虑店铺的运营程序，从前期市场调查、申请创业计划、采购商品、广告宣传、商品推销到收支计算、利益分配、活动反思这一系列完整的项目学习中，让学生体会到现实问题的解决需要考虑多方面因素，从不同的角度去理解问题以及判断解决方案的正确性，提出不同的解决方案，开拓学生思维，提升创新意识与技能。

**（四）实践体验提升学习品质**

商业项目的设计与开展，有效地实现了思维与技能的统合。学生亲身投入到商铺的设计、物品的选购、信息的交流当中，这是发现问题、解决问题的最好方法，更能激发学生解决问题的动力与兴趣。学生第一次参与此项活动的时候,感性大于理性,第一次参与时的更多想法是"我想卖……",但是第二次参与时就会有更多的孩子去思考"顾客想买……"。他们会对比,第一次的创业集市上什么产品最火爆,什么样的售卖形式最能吸引顾客,哪个位置的商铺生意最好,在第二次活动中应该如何调整。然而,第二次参与的孩子虽有经验也未必就一定会成功,从而引起孩子认真的思考。这才真是"纸上得来终觉浅,绝知此事要躬行"。

**(五)有效反思促进能力提升**

商品交易进程的不断更新与即时反馈,能够促使学生及时对过往方法进行反思和调整,通过提升和改进,以更有效地实现学习目标的达成。参与此次活动的学生在创业集市中,最大的收获是活动后的反思,学生总结出影响市场的因素包括"商品供需、质量价格、广告宣传、售后服务、商铺位置"等多个方面,明白应该根据市场发展情况作出调整。学生重复参与这个活动,便有了改进方案和再次实践的机会,但是市场变化的不确定性决定学生的成功与否也具有不确定性。然而结果不是重点,二次参与二次习得会让他进一步明白"市场有风险,投资需谨慎"的道理。这就是《发现商业的秘密》带给学生的实实在在的提升与改进。

**五、点拨与提示**

P5 课程强调学生的主动参与,全员参与,鼓励学生动手动脑,关注学生学习过程中的实践经历、实践体验和实践获得。在具体的操作中,需要注意以下三个问题。

**(一)项目设计要合理有效**

P5 课程的设计进行了跨学科整合,但是如果把每项内容都勉强加入综合实践活动设计中,或者试图让每个学生十八般武艺样样精通,是不可能,也没有必要的。有效合理的项目课程设计要让学生"活"起来、动起来,培养学生的动手能力,让学生接触社会,融入现实生活。

**(二)主题衔接要关注学段**

学生能力在真实场景中方能检测出来,所以创设学习场景要尽量真实有效,关注不同学段的沟通与衔接,根据学生年龄特点选择适合学生的活动主题,同时保持课程的连续性、深度性。小学阶段以培养学生兴趣为主,今后到了中学有了更好的条件和平台就可以深入研究,培养真正的特长。

**（三）评价设计要科学合理**

P5 课程关注学生处理真实问题的能力，如何判断学生的能力提升，要建立健全科学合理的课程评价标准和评价机制，注重过程性考察，通过活动成效、成果对学生的能力发展、素养提升作出科学的判断。

（创意单位：郑州市金水区艺术小学　撰稿人：赵玮霞　荆磊　刘海霞　陈华）

## 创意设计 20

_____

# SMILE 课程：以情境为基础的深度学习

SMILE 课程由情境、融合、灵感、生活、经历五个要素构成，通过以下四个环节实施：创设情境，激发兴趣；资源融合，设计活动；实践探究，深度学习；成果分享，融通生活。SMILE 课程是指学生在一定的情境中，综合运用各学科知识，通过科学探究和实践，进行深度学习，激发灵感，启迪智慧，融通生活，丰富经历，从而有效促进学生的能力生根，提升核心素养。

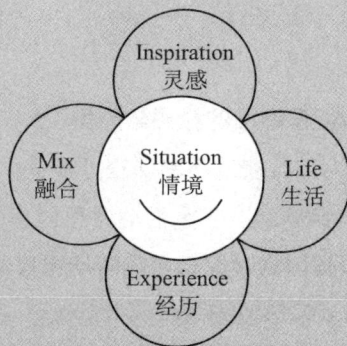

SMILE 课程要素结构图

郑州市第七十六中学是金水区规模最大的初中义务教育公办学校,学校秉承"灵智教育"理念,围绕"灵于心,智于行"的育人目标,构建"智立方"课程体系,彰显"融通生活养灵性,纵情学海增智慧"的课程理念。学校联系学生的生活实际,充分利用各种资源,研发深受学生喜爱的综合实践活动课程,促进深度学习,提升核心素养。学校先后荣获"河南省综合实践活动样本校先进单位""郑州市研究性学习先进单位""郑州市创客教育示范校"等荣誉称号。

为充分发挥综合实践活动在立德树人中的重要作用,依据学生发展状况、学校特色、可利用的资源等对综合实践活动课程进行统筹考虑,我们进行了综合实践活动课程的架构。

### 一、SMILE 课程的缘由与原型

教育部对综合实践活动课程开展提供了新的指导思想,结合学校综合实践活动课程实施经验,确定综合实践活动课程创意设计模型。

#### (一)根据国家对综合实践活动课程的总体要求

教育部 2017 年发布的《中小学综合实践活动课程指导纲要》提出,综合实践活动的内容选择与组织应该遵循自主性、实践性、开放性、整合性、连续性的原则,课程目标是提升学生的价值体认、责任担当、问题解决、创意物化能力,直指学生发展核心素养。纲要定位综合实践活动课程的性质是从学生的真实生活和发展需要出发,从生活情境中发现问题,转化为活动主题,通过探究、服务、制作、体验等方式,培养学生综合素质的跨学科实践性课程。

#### (二)学校综合实践活动课程的实施需要

学校的综合实践活动课程以国家纲要为指导,遵循"从生活中来,到生活中去"的原则,从生活中提炼出与学生密切相关的各类综合性、实践性问题,以学生的直接经验为基础,以兴趣为导向,以自主、合作、探究学习为主的多元活动方式,开展研究性学习,解决生活中的实际问题,旨在服务学生的生活实际。在活动过程中,培养学生的实践、团队合作、创新和对知识的综合运用等能力。自 2012 年起,学校开始实施综合实

践活动课程。通过多年的课程开发和实施,我们发现在师生中影响较大的《校园拍客》《汉字英雄》《淘宝市场》《我为学校写校志》《建设班级环境文化》《小零食　大学问》等综合实践活动课程,均有基于情境、学科融合、启迪智慧、融通生活、亲身实践的深度学习特点。

基于这些特点,我们学校将综合实践活动课程的创意提炼为:SMILE 课程。

**二、SMILE 课程的命名与要素**

SMILE 本意为“微笑”,SMILE 课程倡导学生好学、乐学,与学校“乐学善思”的学风相契合。SMILE 课程是指学生在一定的情境中,综合运用各学科知识通过科学探究和实践,进行深度学习,激发灵感,启迪智慧,融通生活,丰富经历,从而有效促进学生的能力生根,提升核心素养。同时,SMILE 又可视为由“情境(Situation)”“融合(Mix)”“灵感(Inspiration)”“生活(Life)”“经历(Experience)”五个核心词的英文单词的首字母组成。

S(situation)情境:教师有目的地引入或创设生动具体的生活场景,以激发学生的情感和兴趣。

M(mix)融合:融合各学科知识、课程资源与学习方式,提升学生综合应用各类知识观察、分析、思考、解决问题的能力。

I(inspiration)灵感:学生在探究、体验、制作的实践过程中,激发灵感,启迪智慧。这也体现了学校“灵智教育”的教育理念。

L(life)生活:生活即教育。以学生的生活经验、背景、感受为中心,融通生活,引领学生回归真实的“生活世界”,让学生从生活中来,到生活中去,解决生活中的实际问题,真正做到学以致用。

E(experience)经历:课程设计以学生已有经验为基础,课程实施强调学生的亲身经历,通过实践活动促进学生新经验的获得与形成。

SMILE 课程是以情境为基础的深度学习,图 20-1 是 SMILE 要素的模型结构图。

图 20-1　SMILE 课程要素结构图

### 三、SMILE 课程的组织与实施

"乐学善思"是我校学生一贯的学风,在综合实践活动中学生如何进行"SMILE"学习呢？生动形象的情境是激发学生学习兴趣的钥匙,各种资源的融合为学生深度学习提供可能,实践探究是学生自主深度学习的过程,分享成果为学生生活提供服务。根据 SMILE 课程五大构成要素和课程理念进行以下课程组织与实施。

**(一) 创设情境,激发兴趣**

SMILE 课程需要结合学生的生活经历,创设生动形象的情境,以激发学生的学习兴趣。在此基础之上,确定活动主题。如《制作喷泉》课程,教师创设这样的情景:学校想要设计喷泉,作为学校的一分子,让我们运用学过的知识,帮助学校设计一个喷泉吧！基于这样的情景,学生结合已有经验,迸发灵感,融合各种资源,亲历探究过程。

**(二) 资源融合,设计活动**

融合各学科知识,综合利用各种校内外资源,设计活动方案,确定活动方式、实施步骤、组员分工等,做好活动准备工作。如在《我为学校写校志》课程中,师生共商,确定校志包括的主要内容:学校基本情况、校园文化建设、学校的名人、安全保障等。学生编写校志需要用到语文、历史、道德与法治、美术、信息技术等各学科知识,还需要到校史馆查阅资料,采访相关人士等。各组确定研究方案,包括:研究内容、研究方法、明确组内分工等,为活动的实施做好充分准备。

**(三) 实践探究,深度学习**

通过参加实践活动,在新知识的建构和应用中,培养学生精益求精、锲而不舍、实事求是、勇于创新的科学精神。实践探究更加关注学科本质,深入知识内核,引导学生理解和把握知识背后的深层结构和深层意义,从而经历一个深度学习的过程。深度学习在过程中更关注学生的切身体验和高阶思维的运用,我们强调核心素养,其实就是强调学生要进行深度学习。如《玩转科学》课程是一门易学可操作的科学实验课程。课程精心设计了 194 个简单、可操作的科学实验,让学生在探究的过程中有所发现,有所发明,有所创造,在动手"玩"中成为小小科学家。

**(四) 成果分享,融通生活**

注重活动成果的分享,并促进成果的推广应用,为学生的生活提供服务。成果分享的形式不拘一格:书面式、产品式,通过班内展示、校内展示,促进成果的推广应用。

如《小零食　大学问》课程,学生的研究成果在班内、校内进行了展示,学生的优秀研究报告推荐参加市、省研究性学习评比,荣获河南省研究性学习成果一等奖。通过成果分享,不论是对亲身参与研究的学生,还是对其他观看成果的同学,都产生了积极的影响,学生能正确认识零食、合理选择零食,增强关注生活、关注健康的意识。

这四个步骤是 SMILE 课程的核心,也是实施过程,对学校综合实践活动的开展起到了引领和指导的作用。

### 四、SMILE 课程的案例与分析

《校园拍客》是学校基于信息技术的综合实践活动课程,是 SMILE 课程的典型代表。下面以《校园拍客》为例,介绍 SMILE 课程的具体实施方法。

#### (一)创设情境,确定主题

课程以参加"76 中校园奥斯卡拍客大赛"为情境,以学生喜爱摄影的兴趣爱好为指引,并结合学生的学校、家庭、社会生活经历,引导同学们关注身边点滴,指导学生选择微视频类别:校园纪录片、校园视频新闻、校园歌曲 MV、校园微电影,并确定学生真正感兴趣且有价值的拍摄主题。

#### (二)资源融合,制定方案

学生综合运用信息技术、摄影、美术、语文、道德与法治、生物、物理等学科知识,以小组为单位,制定活动方案。明确制作目的、拍摄内容、制作步骤、制作周期,确定人员分工,确定作品类别。人员分工包括:制片人、导演、编剧、摄像、剪辑、演员、主持人、场记、录音师、灯光师、道具师、化妆师等。学生通过制定活动方案,保证活动的有序开展。

#### (三)亲身实践,进行拍摄

在这个阶段,以学生亲身参与准备工作为主线,将整个课程内容串联起来。学生需要亲身体验编写剧本、拍照片、录制视频和音频等素材的过程。素材准备好之后,学生选择合适的视频编辑软件,灵活运用字幕、转场效果等,将前期拍摄到的视频、图片、声音、文字素材等融合到一起,进行微视频作品创意制作。在这个创意制作、深度学习的过程中,发挥了学生的想象力和创新能力,提高了学生的动手能力,提升了影视创作能力。

#### (四)交流分享,作品颁奖

学生将制作的视频作品导出,在班级内部、社交网站展示作品,促进作品的改进。

推荐各班评选出的优秀作品参加校级校园拍客大赛,并推荐获奖作品参加市、省等部门组织的相关比赛。通过成果分享,让学生学会关注身边的点点滴滴,融通生活,滋养灵性。通过成果分享,丰富了学生的课余生活,使学生热爱生活、关爱他人,激发了同学们的荣校爱校意识和社会责任感。

在各种社交网站、学校微信公众号等平台推广作品,举行"校园奥斯卡拍客大赛颁奖典礼",促进成果的推广应用。观看者也受到教育,吸引更多的人参与到活动中,发挥了影视作品的德育教育意义,加强了对学生社会主义核心价值观教育,有利于落实立德树人的根本任务,培养德智体美劳全面发展的社会主义建设者和接班人。

《校园拍客》课程体现了 SMILE 课程以情境为基础的深度学习。学校的《制作喷泉》《小零食　大学问》《制作叶脉书签》等综合实践活动课程,也充分体现了 SMILE 课程的理念,同时也说明 SMILE 课程理念能够引领学校的综合实践活动课程。

**五、SMILE 课程的点拨与提示**

1. 注重资源融合。根据活动主题,需要有效整合课程资源。充分利用学生资源、家长资源、教师资源,形成丰富的综合实践活动课程资源。

2. 注重合力实施与多元评价。SMILE 课程实施以某个学科为主导,多个学科教师共同参与,做好课程设计。教师要精心设计"任务单"或"学习卡",让学生带着任务进行实践和探究。注重活动过程中的反馈性评价和成果交流中的展示性评价。

3. 活动方式多样。SMILE 课程鼓励采用丰富多样的活动方式。如:实验探究、实地考察、设计制作、研究性学习等,从而吸引学生深度参与,促进深度学习。

SMILE 课程以情境为基础进行深度学习,能聚焦学生的核心素养,是国家课程理念的校本化实施,也是学校开设综合实践活动课程多年来的经验总结,对形成学校特色、创建课程品牌具有很好的推动作用。

(创意单位:郑州市第七十六中学　撰稿人:田燕)

# 后 记

当这本书比较完美地完成的时候,已经是春末夏初了。

其实,时光流逝得总是很快,但付出的过程总是带着一些艰辛。而当有一天抬起头,仰望天空,感慨这段绞尽脑汁、一次次修改设计的日子时,蓦然地轻松,成就感也油然而生。

我们的 20 所项目学校参与的领导与老师,由原来的迷茫到有点思路,再到豁然开朗,在潜心砥行中终于将学校的综合实践活动课程的创意设计模型进行了科学的构建。也正因杨四耕教授专业精湛,耐心真挚,幽默风趣,得法有效地一次次指导与助推,让参与者从课程的理念、课程的要素、课程的架构、课程的实施等方面,得到了一次次的丰富和提升。

在这个过程中,教师团队得到了成长。王萌老师说:"课程的设计过程确实不易!此次参与让我对综合实践活动课程有了更深刻的理解,和团队老师们一起合作、探讨,让我感受到思维碰撞的可贵力量,碰撞中想法一次次被激发出来。其实,现在想来,我们这种不断尝试提出观点、不断尝试设计、不断尝试修正、最终定稿的过程不恰恰也是一种综合实践的过程吗?"张敏主任说:"一年来从课程的规划撰写到跨学科课程的创意设计,真是应了那句话:不逼自己一把,你怎么知道自己行不行。作为一名基层老师,一直思考的是怎么把课上好,从来没有想过把经验进行提升模型化。在课程专家的指导和引领下,老师们自我变革的内驱力和成长力得到了飞速发展。这一年的梳理、总结和提炼就是一个破茧成蝶的过程。"

正如老师们所说,经历的过程既是研究的过程,也是成长的过程,更是感受综合实践活动课程魅力之所在、美丽之所在的过程。

在这个过程中,学校的综合实践活动课程模型得以科学的建构。邢青云老师说:"我校实施综合实践活动课程已经有 16 年之久,但从未考虑过如何将课程的研发与实施经验进行模型构建。通过这次创意设计,我们找准创意点,进行深入思考,重新整合，创新设计，明确理念和要素，形成了我们很满意的 PHD 课程。"宋晓娟老师说："我们重新规划与梳理学校综合实践活动课程，可谓是荆棘重重。但在反复的培训中，我们遇到不懂的积极询问、查找资料，突破了一个个难关，最终成功地构建了我校的 STORY 课程。"

学校综合实践活动课程研发要实施经验的提升，不仅为教师的课程实施提供了有效的顶层理念和实施模型，更是建构了学校课程的特色和品牌文化。同时，也助推了我区课程实施品质的影响力。

在进行跨学科课程的创意设计时，我们回顾了这 17 年综合实践活动课程实施的历程，当项目式学习、创客、STEM、跨学科学习等字眼冲击我们视觉的时候，我们一直在思考：如何将区、校综合实践活动课程研发与实施的经验进行高层位理念的提升与推广？机会总是给有准备的人，在我区提升学校课程品质的研究与实施项目扎实推进的过程中，综合实践活动课程创意设计这一项目，于 2018 年春末开始推进。现在，我们终于耕耘出了这片令我们欣喜的项目田。

在这里——

感谢金水区历任教研员在综合实践活动课程建设中的努力付出，正是你们坚持不懈的付出与推进，为金水区的综合实践活动课程的今天奠定了坚实而有力的基础。

感谢 20 所项目实验学校的领导、老师的支持与努力，一次又一次的交流、碰撞和研讨，一遍又一遍的推到重来、修订和完善，没有怨言，没有放弃，总是笑对困难。

感谢金水区教体局搭建的学习平台，感谢杨四耕教授的引领与鼓励。正是您的一句"你们可以尝试着做啊"，让我们有了探索的勇气！正是您的一句"做事情就要做好，不能做出半拉子工程，那就是废品"，让我们不断提高对自己的要求，在付出与收获中，使得自己不断的成长。

聚焦学生学习的课程建设，我们将继续探索与实践！

本书编委会

2019 年 7 月 20 日

## 学校课程深度变革丛书

## 课堂教学转型丛书

## 品质课程丛书

## 课堂教学新样态

近处无教育                  978 − 7 − 5675 − 7536 − 3   32.00     2018 年 3 月

课堂,与美最近的距离       978 − 7 − 5675 − 7486 − 1   32.00     2018 年 4 月

课堂,涵养生命的园圃       978 − 7 − 5675 − 7535 − 6   36.00     2018 年 6 月

协同教学:意蕴与智慧       978 − 7 − 5675 − 8163 − 0   42.00     2018 年 9 月

课堂不是一个盒子            978 − 7 − 5675 − 8004 − 6   38.00     2019 年 1 月

在教室里眺望世界:基于 BYOD 的教学方式变革

                               978 − 7 − 5675 − 8247 − 7   48.00     2019 年 3 月

## 特色学校聚焦丛书

每一个孩子都是一棵树       978 − 7 − 5675 − 6978 − 2   28.00     2018 年 1 月

教育不是一个人的事:"众教育"36 条   978 − 7 − 5675 − 7649 − 0   32.00     2018 年 8 月

不一样的生命,一样的精彩       978 − 7 − 5675 − 8675 − 8   34.00     2019 年 3 月

童味正醇:特色学校的文化图谱   978 − 7 − 5675 − 8944 − 5   39.00     2019 年 8 月

特色普通高中课程建设探索      978 − 7 − 5675 − 9574 − 3   34.00     2019 年 10 月